DE LA PUBLICITÉ

ET DE L'INSCRIPTION

DES HYPOTHÈQUES LÉGALES

Paris. — Imprimerie Alcan-Lévy

61, rue de Lafayette

DE LA PUBLICITÉ

ET DE L'INSCRIPTION

DES HYPOTHÈQUES LÉGALES

PAR

MAXIME GRIPON

NOTAIRE HONORAIRE

Ancien premier Syndic de la Chambre des Notaires de Paris

« Magis amica veritas. »

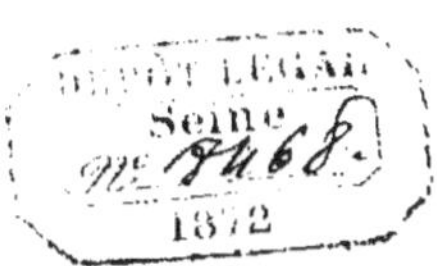

PARIS

E. DENTU, LIBRAIRE-ÉDITEUR

PALAIS-ROYAL, 17-19, GALERIE D'ORLÉANS

1872

Ce travail, — protégé par le souvenir de nos excellents et regrettés présidents, Poumet, de Vesvres, Roquebert, Hailig, — examiné, avec leur bienveillance et leur indulgence habituelles, par M. le président de Raynal, par MM. les conseillers Pont, Nachet, Glandaz, — n'a plus la même actualité qu'en 1859. Il serait resté dans l'ombre où il repose depuis l'arrêt rendu par la Cour de Cassation, Chambre civile, le 5 février 1861, (Sirey, tome 61, première partie,

page 209,) s'il n'en avait été retiré par des
mains amies qui savent dispenser, peser, et
partager au besoin les responsabilités. Aujour-
d'hui, ce rapport offre-t-il autre chose qu'un
intérêt rétrospectif? — *Nunc sub judice.*

C'est le propre, c'est aussi la récompense du
labeur, — et de la lutte trop souvent éludée,
trop souvent méconnue, pour le juste et l'hon-
nête, — de créer non pas uniquement pour
soi, mais pour tous, lumière, diffusion, aliment
et repos. Tous les principes juridiques se touchent. Ils se fortifient mutuellement. La question de l'hypothèque légale garantie par une
inscription permanente est apaisée; elle renaîtra,
si la rédaction des articles 2136 à 2139, essai de
conciliation infructueux, impossible, de deux
idées absolument contraires, n'est pas refondue.
Le devoir du législateur consiste à retrancher
du texte de la loi toutes prescriptions aven-
turées, toutes dispositions qui conduisent à une

injustice, ou qui (faute plus terrible!) invitent hautement à la déloyauté.

Une sorte d'enquête sur le développement de l'un des éléments de notre droit hypothécaire; quelques indications sur les origines, le caractère et le péril d'une disposition légale confuse; la réfutation d'une thèse fertile en illusions et · en mécomptes; quelques réflexions sur une extension abusive de la loi du 23 mars 1855; quelques critiques contre les nouveautés mal conçues, peu ou point approfondies, contre les entraînements, les faiblesses ou les exagérations en pratique et en jurisprudence, — critiques pour lesquelles notre plus redoutable adversaire nous a fourni les meilleures armes, — offrent peut-être à l'heure actuelle, et offriront à certains jours, fût-ce par analogie, quelque utilité. — Il suffit que cet opuscule, fermé pour ceux qui n'ont rien à apprendre ou qui reculent devant le fardeau de s'éclairer, puisse affirmer à d'autres même une vérité, servir nos jeunes collaborateurs, nos futurs arbitres, et contribuer une fois de plus à faire triompher, à faire aimer la justice.

Nous souhaitons que nos successeurs, et ceux qui nous touchent encore de plus près, y veuillent puiser la joie et la dignité de l'œuvre, la patience du vrai, la répulsion réfléchie de ce qui est faux, une énergie et le dévouement plus que jamais nécessaires, une salutaire et large émulation.

MAXIME GRIPON,

Notaire honoraire.

Paris, juillet 1872.

DE LA PUBLICITÉ

ET DE L'INSCRIPTION

DES HYPOTHÈQUES LÉGALES

Depuis la publication du Code Napoléon (1), le Titre *des Hypothèques,* cette œuvre la plus difficile assurément de l'œuvre immense entreprise par le Législateur, a été l'objet de très vives attaques. Quelquesunes, il faut le dire, étaient méritées. La Loi du 23 mars 1855 est venue, après de longs débats, faire droit à ce que ces critiques avaient de sage et de raisonnable. Cette loi cependant, suivant M. Troplong, « n'a pas satisfait tous les esprits ».

On a reproduit contre elle ce reproche, depuis longtemps adressé au Code Napoléon, de n'avoir pas donné « au principe de la publicité » tout son développement. L'idée spécieuse de soumettre toutes les hypothèques

---

(1) Jusqu'en 1859, date de ce rapport.

à la règle uniforme de l'inscription avait trouvé de nombreux partisans. Un instant même,—ce souvenir ne doit pas être perdu, — « la barrière *qui défend de la ruine* les intérêts des incapables faillit être renversée. » (M. Troplong, voir son Commentaire de la loi du 23 mars 1855) (1).

La dispense d'inscription pour les hypothèques légales est néanmoins sortie victorieuse de cette nouvelle épreuve. L'article 2135 est resté debout. La Chambre des Notaires de Paris a contribué, pour sa part, à ce résultat.

Mais la lutte n'est pas finie. Elle se continue sous une autre forme. — Le terrain de la discussion, seul, a changé.

Sur ce terrain, nous rencontrons à la fois : les vaincus, c'est-à-dire, les partisans de la publicité écrite ; et parmi les vainqueurs, les exaltés, c'est-à-dire, ceux dont l'ardeur de protection n'est point apaisée par leur récent triomphe.

Le Code, que ceux-ci voulaient maintenir et ceux-là réformer, précisément parce que, dans l'opinion de tous, il ne prescrivait pas la publicité écrite des hypothèques légales, le Code, disons-nous, redevient à leurs yeux la pierre angulaire de cette publicité.

---

(1) En 1849, en effet, les rapports de MM. Persil, au nom de la Commission instituée par le gouvernement, et de Vatimesnil, au nom de la Commission législative, *concluaient à l'obligation d'inscrire* les hypothèques légales.

Cette thèse, qui n'a eu aucun succès quand elle s'est présentée avec le seul argument de l'intérêt des tiers, grandit au contraire avec rapidité, s'impose même, aujourd'hui qu'elle adopte pour nouveau drapeau, *l'intérêt des incapables.*

Ce mouvement des esprits ne nous a pas échappé ; il ne pouvait nous laisser indifférents. — Défenseurs spontanés, bénévoles, de tous les intérêts qui ont besoin de protection, nous aurions accueilli, avec une extrême faveur, une doctrine appelée à leur donner, sans nouveaux périls, des garanties plus grandes. La théorie nouvelle fait-elle donc concevoir de telles espérances ? — Loin de là ; chacun de nous porte en lui comme un secret pressentiment des embarras dont elle serait la source.

Nous avons voulu l'examiner au double point de vue du droit sur lequel on la fonde, et des conséquences qu'elle doit entraîner.

QUESTION PROPOSÉE

On a soutenu, on soutient que : « même après la « mainlevée donnée par un créancier subrogé, de « l'inscription d'hypothèque légale qu'il avait prise « à son profit, cette inscription doit être retenue par

« le conservateur sur ses registres, comme subsistant
« encore au profit de la femme. »

Des arrêts récents et très affirmatifs, notamment de
la Cour d'appel d'Amiens et de la Cour de Cassation
(Chambre des requêtes), ont donné à cette question une
importance qu'il est impossible de méconnaître. Elle
mérite une étude approfondie. Mais, en poursuivant
son examen, nous avons reconnu qu'elle était dominée
par une question beaucoup plus haute et plus grave,
celle de *l'inscription forcée des hypothèques légales.*
Si cette théorie a été rejetée deux fois, en 1804, en 1855,
comme impraticable et surtout comme exposant les
femmes et les mineurs à des dangers sans nombre,
comment peut-elle prétendre aujourd'hui les sauvegarder mieux que tout autre système? L'inscription
peut-elle être à la fois la pire et la meilleure des
choses? Il y a là une anomalie, un désordre d'idées,
et des contradictions, dont il faut pénétrer la cause. Tel
est le premier, nous pourrions dire l'unique objet de
nos recherches.

QUESTION PRÉLIMINAIRE

L'hypothèque légale doit-elle, dans l'intérêt de l'incapable, être toujours inscrite?

I

Pour bien connaître les règles applicables, selon le Ancien Droit. Droit actuel, aux hypothèques légales, il est nécessaire d'étudier celles qui les régissaient sous l'ancienne législation.

L'*hypothèque*, comme l'indique le nom générique de cette charge, placée *au-dessous* de ce que l'œil pouvait percevoir, remonte à la plus haute antiquité.

L'hypothèque *légale* prend son origine dans le Droit romain. La loi première, au Code, *de rei uxoriæ*, créa, au profit de la femme sur les biens du mari, pour la restitution de la dot, une hypothèque qui, pour produire effet, n'avait besoin de se manifester par aucun signe extérieur.

Cette protection de la loi n'était cependant pas

absolue. En cas de ventes forcées, la femme devait exercer son action, pour ne pas l'exposer à périr. A défaut d'action, la publicité des affiches libérait l'immeuble vendu de tout recours hypothécaire.

L'ancien Droit français suivit d'abord ces errements. L'usage, sans rien changer à ces règles à l'égard des hypothèques légales, amena pour les hypothèques *volontaires* une extension « qui, par succession de « temps, suivant les expressions de Loyseau, — (du « Déguerpissement, livre III, chapitre Ier) tourna en « désordre et confusion. »

« Car, dit le même auteur, comme par une simple « parole on pouvait obliger son bien, on ne s'est pas « contenté d'obliger un seul héritage, mais on a commencé d'obliger tous et chacuns ses biens, comme « cela étant plus facile au débiteur et plus commode « au créancier. »

« Puis, comme en tous les contrats, on s'est accoutumé d'insérer l'obligation de tous biens, on a enfin « tenu pour règle, que tous contrats portaient hypothèque sur tous biens, la clause étant censée sous« entendue, si elle était omise. Or, ces hypothèques « étant ainsi constituées secrètement, il n'était pas « possible aux tiers de les savoir ni de les découvrir. »

L'hypothèque légale ne présentait pas les mêmes inconvénients ; elle n'était pas nécessairement occulte. Si l'on se reporte, par la pensée, à cet ancien état de choses, on reconnaît au contraire que, sauf quelques exceptions, les hypothèques légales étaient les seules hypothèques qui eussent alors une vraie publicité. C'est ce qui explique pourquoi, dans les provinces où l'hypothèque ne pouvait s'acquérir que par *Nantissement*, c'est-à-dire par l'inscription de la créance sur un registre public, les hypothèques tacites (ou légales) étaient exemptes de cette formalité.

Dans le reste de la France, l'hypothèque volontaire continua de demeurer secrète. Les dangers de cette clandestinité étaient grands : elle exposait les acquéreurs et les prêteurs à des mécomptes désastreux. Cependant, (tant est plus grande encore la force de l'habitude et de la tradition), plusieurs siècles s'écoulèrent avant que la législation pût réagir contre cette source de désordres. Plusieurs tentatives faites, par Henri III en 1581, Henri IV en 1606 et Louis XIV en 1673, pour donner aux hypothèques conventionnelles, et aux hypothèques légales dans certains cas, le degré de publicité nécessaire à la sûreté des tiers, demeurèrent infructueuses.

Cet insuccès, et d'autre part la nécessité d'asseoir la propriété immobilière sur des bases solides, avaient néanmoins conduit l'ancienne jurisprudence à imaginer, (pour les ventes faites à l'amiable), sous le nom de *Décret volontaire*, et au moyen d'obligations simulées et de contre-lettres, une procédure qui, comme le *Décret forcé* dont elle empruntait l'apparence, purgeait l'immeuble vendu de tout droit réel. Mais cette procédure, utile aux acquéreurs, exposait les créanciers par l'imperfection de son mode d'avertissement, à voir leur ruine consommée avant qu'ils eussent eu connaissance des poursuites.

Edit
de Juin 1771.

Lettres de
ratification.

Par un Édit de juin 1771, Louis XV, afin de remédier à des abus devenus intolérables, abolit le décret volontaire, et lui substitua les *Lettres de ratification.* Cet Edit, sur lequel notre Code a calqué en grande partie son système de purge, constituait une véritable amélioration. Les créanciers, mieux avertis, étaient mis en demeure de veiller à la conservation de leur droit. S'ils négligeaient de former opposition, ils étaient forclos.

Les créances à hypothèque légale (*sauf le douaire*) n'étaient point exceptées de l'obligation de se révéler par des oppositions. Faute par ces créanciers d'agir *en temps utile* (article 17 de l'Edit), leur droit s'éteignait comme celui des créanciers ordinaires.

Ce premier pas dans la voie du progrès donnait une juste satisfaction à la sécurité des acquéreurs. Mais les prêteurs, par la clandestinité des hypothèques volontaires, n'en restaient pas moins exposés à tous les piéges tendus à leur bonne foi.

Cet état de choses dura jusqu'en 1795. C'est le propre de toutes les réactions de se jeter d'un extrême dans l'autre. Rien de plus difficile à observer que ce précepte si sage : *Inter utrumque tene.* Les périls de l'occultanéité étaient universellement recon nus. On eut le tort de raisonner comme si cette clandestinité était absolue. C'était partir d'un principe faux, en ce qui touchait la presque totalité des hypothèques légales. On chercha le remède à un mal évident, mais circonscrit, dans l'application également absolue du principe contraire. On décréta « que toutes les hypo-« thèques seraient soumises, pour la conservation du « droit, à la formalité de l'inscription. »

Cette modification importante, erreur et progrès tout ensemble, prit place pour la première fois dans notre législation par le *Décret du 9 messidor an* III, décret qui, renfermant d'ailleurs un système de mobilisation du sol également antipathique à nos besoins et à nos mœurs, ne fut jamais mis à exécution.

Décret
du 9 messidor
an III.

Délibérée avec plus de maturité, et cependant ne tenant pas suffisamment compte des différences profondes qui distinguent les hypothèques imposées par la volonté de la loi, de celles créées par la volonté de l'homme, la *Loi du 11 brumaire an* VII maintint le principe de la spécialité de toutes les hypothèques, et de leur publicité par l'inscription.

Loi du
11 brumaire
an VII.

A l'égard des hypothèques volontaires, nécessairement occultes jusqu'à leur révélation, la publicité pouvait être à bon droit considérée comme une grande et précieuse conquête. Mais, à moins de se faire volontairement illusion, on ne pouvait vraiment pas décorer de ce nom la publicité des hypothèques légales. A l'égard de celles-ci, la manifestation n'est-elle pas, en

général, de tous les horizons et de toutes les heures ?
Nous disons : « en général, » car la publicité cesse, quand
cessent également les circonstances accessoires qui la
produisent ; et c'est là ce que le Législateur de 1855 a
parfaitement compris. Mais si nous supposons qu'il y
eût alors 3 millions et demi de mariages en France, on
nous accordera que le nombre des mariages tenus
secrets ne s'élevait certes pas à 100,000. Voilà donc
plus de 3 millions d'hypothèques publiques.

En forçant toutes ces hypothèques à l'inscription, la
Loi de brumaire n'ajoutait absolument rien à une publicité déjà acquise. Elle avait au contraire le tort de
ne tenir aucun compte de cette publicité, de nier l'évi-
dence et, par suite, de vouloir appliquer à toute force
un remède à une plaie, qui, en cette partie du moins,
n'existait pas. Les causes du mal étaient limitées, nettement définies. Pourquoi les méconnaître et les étendre ? C'était dépasser le but. C'était partir d'une donnée fausse pour arriver inévitablement à de fausses
applications.

Et pourtant, disons-le, le Législateur de l'an VII
était plus excusable.

Pothier.

Dans le langage ordinaire du Droit, (Pothier, Traité
de l'hypothèque, chapitre Ier, section Ire, art. 3), à la
différence de l'hypothèque volontaire, occulte au pre-
mier chef, celle créée par la loi étant appelée *tacite,*
on s'était habitué à la considérer par cela même comme
une hypothèque secrète. Cette confusion de mots ,

qui s'est propagée jusqu'à nous, n'a pas été sans influence sur l'erreur commise.

Il y avait, croyait-on, avantage à simplifier la loi. « Toutes les hypothèques étant ainsi soumises *à un* « *même niveau*, à une règle unique, les tiers pour- « raient toujours vérifier si le gage était libre, ou jus- « qu'à quel point il pourrait être affecté. A un autre « point de vue, la purge devenait simple et facile. »

Mais la trop grande simplicité dans la législation est souvent la plus grande ennemie de la justice. Imposer une même règle à des cas différents, c'est se livrer à l'incertitude et à l'arbitraire. C'est créer de son plein gré d'autres périls.

Une autre confusion s'établit dans les esprits. L'Edit de 1771 avait imposé aux créanciers à hypothèque légale l'obligation de former, s'il y avait lieu, opposition dans les délais, pour la conservation de leurs créances. On en avait conclu que l'obligation de s'inscrire d'ores et déjà, serait pour eux équivalente. L'inscription, dans la pensée des auteurs de la loi, n'était autre chose qu'une opposition dont on avait avancé l'heure.

L'expérience n'avait point encore parlé. On n'avait pas prévu quelles différences existent entre les deux mesures, et, par suite de l'absence d'intérêt actuel, quels résultats contraires elles produisent.

Notons ici que, malgré ce changement si radical, la Loi de brumaire n'avait nullement modifié l'ancienne législation en ce qui concerne la *faculté* pour la femme de prendre ou de ne pas prendre inscription. Elle veillait cependant pour les femmes *en état de minorité.* Son article 22 leur venait en aide. Mais, dans cette immixtion au milieu d'intérêts privés, elle n'apportait qu'une main prudente. Cet article n'imposait de *responsabilité* que pour le cas où le défaut d'inscription causerait préjudice. Les inscriptions (même article 22) devaient être formées, comme dans l'Édit de 1771, *en temps utile ;* dispositions pleines de sagesse, car elles prouvent que les inscriptions, alors même qu'elles conservaient le droit, ne devaient pas être prises aveuglément et toujours, mais avec utilité et intelligence.

En ce qui concernait les femmes majeures, aucune prescription particulière ne violentait leur action.

La Loi de brumaire avait voulu sauvegarder *également* les droits des femmes et l'intérêt des tiers. Les faits ne tardèrent pas à prouver qu'on avait sacrifié l'intérêt le plus digne de protection.

D'après l'article 2 de cette loi, « toutes hypothèques « ne produisaient effet que par l'inscription, et les in- « scriptions ne prenaient rang que du jour de leur « date; » c'est-à-dire, qu'outre le péril attaché au défaut d'inscription, la femme, même en s'inscrivant, courait encore le risque de n'être jamais assez vigilante.

L'inscription était-elle prise ?.... — (L'esprit s'effraye du nombre énorme des inscriptions que le premier effet de la promulgation de la loi dut faire affluer dans les bureaux de conservation.)...

Aussitôt, cette mesure devenait un acte de défiance, un germe de discorde. Elle plaçait le mari en état de suspicion avant tout acte d'administration de sa part. Elle entravait sa liberté d'action, gênait son crédit. Elle mettait en interdit toute sa fortune immobilière, alors même que la dot n'était nullement en péril.

S'agissait-il seulement de requérir l'inscription ? La loi créait un antagonisme constant entre le mari et la femme, lutte impolitique et inégale qui, à la longue, devait se terminer au détriment de celle-ci ; car les inconvénients de l'inscription prise avant qu'aucun danger eût surgi, étaient immédiats et de tous les instants, tandis que l'intérêt de la femme à cette formalité pouvait toujours lui être représenté comme incertain, éloigné, ne devant sans doute même jamais naître.

Et l'absence d'inscription, sous ce régime, produisait des résultats beaucoup plus désastreux que l'absence de l'opposition prescrite par l'Édit de 1771 ; car, non inscrit, le droit de la femme périssait *tout entier*, tandis que le défaut d'opposition l'effaçait seulement *sur un point particulier* de son gage.

Une telle situation appelait une réforme. De très vives réclamations s'élevèrent en faveur des mineurs et des femmes mariées. La Compagnie des Notaires de Paris, — c'est pour elle un honneur que nous aimons à rappeler, — se joignit aux adversaires de cette loi, en demandant, « au nom de l'intérêt de la famille, » qu'on dégageât le crédit du mari des entraves dans lesquelles ces inscriptions multipliées à l'infini, sans règle ni mesure, l'avaient enserré. C'est au nom du même intérêt que nous élevons aussi la voix. Nous avons su défendre, quand ils étaient sérieusement menacés, les droits des incapables ; aujourd'hui, nous les défendons encore, en repoussant des mesures exagérées de protection, qu'aucun fait nouveau n'a rendues nécessaires.

On éprouve toutefois un certain étonnement d'avoir à combattre ces mêmes erreurs sous une législation qui a été faite précisément en vue d'y remédier. Le Législateur de 1804 est-il donc resté en deçà du but ? Son expression a-t-elle mal servi sa pensée ?

II

CodeNapoléon « L'article 2135 du Code Napoléon déclare que « l'hypothèque légale existe indépendamment de toute « inscription. Mais l'article 2136 ordonne aux maris, « aux tuteurs, de l'inscrire immédiatement. — Donc « l'hypothèque légale doit être inscrite. »
Voilà l'objection.

« Les termes de l'article 2136, ajoute-t-on, sont « généraux, impératifs. Les inscriptions doivent être « requises, sans aucun délai. — On ne peut s'insurger « contre une loi formelle. »

Aurons-nous donc à combattre le Droit ? Chargés de l'appliquer, de le créer chaque jour, nous n'entreprendrions pas une mission si éloignée de notre règle et de nos habitudes. Assez rude est la tâche de concilier deux dispositions qui sont en effet contradictoires, d'expliquer ce que M. Troplong a déclaré « *inexplicable*, » d'avoir enfin à chercher sa vraie route dans ce qu'il a proclamé : « un chaos *d'éléments hétérogènes et d'antinomies insolubles.* »

Un mot d'abord sur l'argument. — Il vient bien tard. — S'il est vrai que le Code ordonne, d'une manière impérative, l'inscription des hypothèques légales, pourquoi tout ce bruit qui s'est fait depuis 1841, ces circulaires, ces projets de loi, ces rapports, pour introduire dans notre législation une disposition qui s'y trouverait déjà ?

M. Dupin a dit avec une haute raison : « C'est par l'ensemble des textes qu'on peut connaître le Droit. » Or, on s'attache ici exclusivement à un article, sans tenir compte de ceux qui le précèdent, ni de ceux qui le suivent. Si l'article 2136 oblige à l'inscription, l'article 2135 en dispense. Une telle contradiction n'a pas pu échapper aux auteurs du Code.

Un texte, isolé de la discussion qui s'y rattache, (et il l'est toujours), peut quelquefois conduire aux plus graves erreurs. C'est là un écueil auquel on ne pense pas assez. Nous pouvons citer, comme exemple, la Loi du 21 juin 1843, loi qui comprend, par son texte, les contrats de mariage *contenant donation,* et qui, à n'en pas douter, a eu la volonté de les exclure.

Ceci posé, étudions comme le Législateur l'a fait lui-même, chacun des points de contact des divers intérêts au milieu desquels se meut notre régime hypothécaire.

« Il importe à l'État que la dot des femmes, que « le patrimoine des mineurs soient conservés. » Ce principe, si excellent qu'il soit, n'est cependant pas absolu. Il faut se garder d'en exagérer les conséquences. Il cesse d'avoir son application quand l'intérêt des incapables se trouve dominé par l'intérêt public.

Dans ses rapports avec les tiers, le droit de la femme peut se trouver en opposition sur les biens du mari: 1° avec un *créancier hypothécaire;* 2° avec un *acquéreur.* Comment la loi a-t-elle voulu pourvoir à ces deux situations?

Avant d'examiner ces deux hypothèses, il est nécessaire de remarquer que, si le mari n'a souscrit aucun engagement, et pendant tout le temps qu'il n'a ni emprunté ni vendu, la femme, sa seule créancière, n'a pas même à se servir de l'hypothèque que la loi lui confère. Si, dans ce cas, l'hypothèque est superflue, en quoi l'inscription serait-elle utile?

Première hypothèse : Un créancier. Mais si le mari s'oblige vis-à-vis d'un tiers, un droit nouveau surgit, qui mérite aussi protection. Lequel des deux sera préféré? La loi défendra d'abord le droit du plus faible. Si l'hypothèque légale est astreinte à l'inscription, il se trouvera toujours un intervalle, si court qu'on le suppose, pendant lequel le droit de la femme ne serait plus garanti. Le principe de la conservation des dots subsiste ici dans toute sa force. On ne pouvait le sacrifier à l'intérêt d'un tiers, maître de ses actions et dont le premier devoir *est de se protéger lui-même*. « Curiosus esse debet. » S'il a traité sans avoir poussé aussi loin qu'il le devait ses investigations, il s'est rendu coupable au moins de légèreté et de négligence (1).

La dispense d'inscription ne peut d'ailleurs porter préjudice au tiers, que si ce tiers a été tenu *par le mari* dans l'ignorance de l'hypothèque légale. La femme ne peut souffrir d'un fait qui lui est étranger.

Aussi la loi dispose-t-elle, en dehors du cas de purge, qu'à la différence des hypothèques ordinaires qui n'ont de rang, c'est-à-dire, d'effet contre les tiers, que par l'inscription, les hypothèques légales existeront, c'est-à-dire, auront rang et effet, quoique non inscrites. Les articles 2134 et 2135 ont pour objet de préciser la date de chaque hypothèque. Il y a concours entre elles. Il s'agit, non d'exercer le droit, mais de l'asseoir. Si la loi déclare que l'hypothèque légale « existe indépendamment de l'inscription, » n'en faut-il

Articles
2134 et 2135.

---

(1) Quand, plus tard, il allègue son infortune pour s'en faire une arme contre autrui, il tombe dans la fraude; — chute trop commune, parce qu'elle réussit trop souvent, parce que la loi, trop faible, oublie ou néglige à tort de punir ce genre d'improbité.

pas conclure qu'après avoir créé le droit, elle s'en réserve la conservation? Qu'est-ce, en effet, que l'existence indépendante d'une formalité, si cette formalité est nécessaire ?

Il faut donc restituer aux articles 2134 et 2135 leur véritable portée. L'hypothèque légale existe sans inscription ; la loi la conserve par sa seule puissance.

Mais si le droit est entier, s'il est sauf, comment concevoir que la loi ait pu dans les articles 2136 et suivants, pour la protection du même intérêt, se préoccuper de la nécessité de l'inscrire ? N'eût-ce pas été douter d'elle-même ? La raison se refuse à comprendre pourquoi la loi, qui doit être le suprême bon sens, ordonnerait une mesure à l'instant même où, pour assurer à la femme une protection plus efficace, elle vient de proclamer cette mesure insuffisante, et de la proscrire. En ordonnant l'inscription, le législateur a donc dû disposer dans un autre intérêt.

D'après la Loi de brumaire, l'hypothèque légale n'était opposable aux tiers qu'à la condition d'être inscrite. Or, les articles 2134 et 2135 constituent une dérogation formelle à cette disposition, puisque l'hypothèque légale est aujourd'hui opposable à compter du jour où le droit qu'elle garantit a pris naissance.

Articles 1428 et 1562. Aux termes des articles 1428 et 1562 du Code Napoléon, le défaut d'actes conservatoires n'entraîne la responsabilité du mari que s'il y a eu préjudice causé. C'est un principe de commune justice. La prescription

absolue d'inscrire serait en contradiction manifeste avec
ce principe, puisqu'elle s'appliquerait surtout au temps
où il n'y a pour l'incapable aucun préjudice possible.

Autre anomalie : La Loi de brumaire n'astreignait à
l'inscription, indispensable cependant alors à la protection du droit, que *si* cet acte devait être *utile*. Le
Code Napoléon, au contraire, obligerait à l'inscription
immédiate, alors que la formalité est dépouillée de
tout effet de protection pour les incapables !

Et pourquoi tant de hâte ? Les maris, les tuteurs,
sont tenus de requérir inscription « sans aucun délai ».
A quel danger si pressant pour la femme et pour le mineur, la loi aurait-elle donc voulu parer ? On est encore
forcé de convenir que cette précipitation, très méditée
et très intentionnelle cependant, n'a aucun sens, si on
la suppose prescrite à leur égard.

Quel est donc l'intérêt grave, puissant, que la loi a
voulu protéger ? Le texte même de l'article 2136 va
nous l'apprendre. Ses termes, que nous résumons pour
plus de concision et de clarté, trahissent en effet une
tout autre préoccupation que celle des incapables.

« Les maris et tuteurs sont tenus de rendre publi-
« ques les hypothèques qui les grèvent, et, à cet effet,
« de requérir, sans aucun délai, inscription sur leurs
« biens présents et à venir.

« Ceux qui, ayant manqué de prendre ces inscriptions,
« auraient consenti des hypothèques, sans déclarer ex-
« pressément l'hypothèque légale, seront réputés stel-

« lionataires, et, comme tels, contraignables par corps. »

Ainsi, dans le premier paragraphe : — obligation de rendre l'hypothèque publique, et, à cet effet, de requérir inscription immédiate.

Dans le second : — stellionat, en cas de constitution d'hypothèque sans déclaration, et si l'inscription n'a pas été antérieurement prise.

Il ne faut pas perdre de vue que, sous l'empire de la Loi de brumaire, les maris et les tuteurs n'étaient tenus à aucune déclaration de leur situation hypothécaire. L'état délivré par le conservateur apprenait aux tiers tout ce qu'ils étaient intéressés à connaître. En affranchissant les hypothèques légales de l'inscription, la loi nouvelle devait donc, par une prescription particulière, poser le principe de la déclaration obligatoire, et de la responsabilité immédiate du grevé vis-à-vis des tiers, en cas de mauvaise foi.

Après avoir créé l'obligation, l'article 2136 crée la *sanction*. Il frappe la non-révélation de l'hypothèque légale, « des peines du stellionat, » (la contrainte par corps). Il se tait quant à la non-inscription.

A qui cette sanction profite-t-elle ? Ce n'est pas à la femme, puisque la fausse déclaration ne peut lui porter préjudice. Donc l'obligation n'est pas imposée dans son intérêt.

Dira-t-on que le stellionat existe « par le seul fait « du défaut d'inscription ? » La loi n'a pas pu prononcer, au profit de la femme et du mineur, un mode de répression qu'ils seraient évidemment dans l'impossibilité morale d'exercer. Le défaut d'inscription ne constitue pas davantage le stellionat à l'égard des tiers ; autrement, en France, tous les maris, tous les tuteurs, seraient stellionataires. Est-il possible de concevoir un délit sans préjudice causé ? Enfin, si le préjudice existait par l'absence d'inscription, une déclaration faite à un tiers qui n'a qualité pour représenter ni l'incapable, ni le public, ne pourrait pas effacer le délit ; et par suite on arriverait à considérer comme stellionataire, celui-là même qui, *n'ayant pas inscrit,* aurait *déclaré* l'hypothèque ; ce qui conduit tout droit à l'absurde.

Si l'on peut soutenir que les inscriptions ordonnées par notre article se rapportent aux incapables, on ne peut prétendre qu'il en soit de même de la déclaration expresse dont il parle. Cette déclaration intéresse exclusivement les tiers. L'article 2136, dont toutes les dispositions s'enchaînent, ne trouve d'explication plausible qu'à leur point de vue.

Nous ne pouvons donc voir, dans l'inscription ordonnée, qu'une déclaration anticipée, publique, de l'hypothèque. C'est un écriteau, c'est une enseigne, c'est un mode d'avertissement. Mais ce mode n'est pas le seul. La déclaration particulière, insérée dans le titre, produit le même résultat. Elle équivaut à l'inscription et la remplace. Les maris, les tuteurs, sont tenus d'inscrire ou de déclarer. L'article leur laisse heureusement le choix, car si l'inscription prise, sans intérêt actuel, présente des inconvénients, la déclaration offre au contraire cet avantage que, par elle, la publicité existe au jour et à l'heure où cette publicité devient réellement utile.

On objecte vainement « que, si le mari, n'inscrivant « pas, déclare un état civil mensonger, les tiers seront « lésés, et que la loi, en ordonnant l'inscription, a « voulu rendre les fraudes impossibles. »

Il y a là, croyons-nous, une pétition de principes. L'article 2136 renferme deux commandements : inscription ordonnée, déclaration expresse ; la force d'injonction est la même, en apparence. Mais la loi, en formulant ces deux préceptes, n'a pas pu espérer, par l'inscription, un résultat plus complet que par la déclaration ; la non-exécution de celui-ci suppose, *à fortiori,* la non-exécution de l'autre. La mauvaise foi ne se crée pas si bénévolement des obstacles (1).

____

(1) La société, à laquelle appartient pourtant le droit de se défendre, n'est jamais assez sévère contre la mauvaise foi. Par cette incurie, la société s'abandonne. Au lieu de montrer à tous le chemin, au lieu de donner résolûment à chacun la leçon du devoir, cette faiblesse, cette philanthropie de nos mœurs et de la loi, excite tous les jours, par la contagion du succès et de l'impunité, à la démoralisation, aux ricanements, à toutes les audaces. C'est laisser croître chez soi, comme une graine vénéneuse dans un terrain mal soigné, les empiétements, l'avidité, l'envie. C'est ouvrir la porte à ce socialisme gangréné, destructeur de toute société, de tout respect, antiphrase parfaite, qui ramènerait la barbarie en insultant la justice, en niant la patrie, et livrant à tous les dangers, à tous les appétits, la nation.

Rappelons à ce propos que le législateur doit punir, mais ne peut supprimer les fraudes (1). La Loi de brumaire, malgré la perpétuité du péril et l'importance des intérêts en jeu, n'avait obtenu sur ce point qu'une exécution incomplète ; son résultat le plus certain avait été de déplacer le mal en changeant la victime. Est-il sage de recommencer l'expérience ?

On pose comme admise et établie la prescription d'inscrire. C'est se donner d'avance et trop facilement gain de cause.

Une hypothèque légale, inscrite avant toute purge, est pour les tiers la révélation d'un fait. Cette révélation est le but poursuivi. L'inscription a donc ici le sens, non d'une hypothèque, mais d'une déclaration inscrite. Même au regard des tiers, cette prescription d'inscrire n'a rien d'absolu, rien de primordial. Il n'est personne au contraire, tant la vérité a de puissance, qui refuse de reconnaître ce caractère à l'ordre de révéler les hypothèques légales, seul ordre défini, contenu dans l'article 2136, malgré l'ambiguïté évidente de sa rédaction. C'est par une déclaration, ou écrite, ou orale, que cet article veut atteindre à la publicité.

----

(1) On ne peut lui demander l'impossible. Mais le châtiment réduira leur nombre. On ne saura du reste jamais assez combien il serait sage d'éliminer de notre législation ce qui les favorise, ou, qui pis est, y invite et les encourage. — Nous signalerons à ce propos, et en première ligne, notre loi financière sur l'insaisissabilité.

Qu'importent au surplus, à l'égard des incapables, ses termes plus ou moins impératifs, s'il est avéré qu'il n'a jamais été édicté dans le but de leur venir en aide ? En ce qui les concerne, et dans l'hypothèse où le législateur s'est placé, la formalité, en présence de l'article 2135, ne serait qu'une superfétation et un pléonasme. Et si cet article, (comme nous le verrons plus loin, pages 41 et suivantes), n'a jamais été exécuté dans le sens qu'on veut lui donner aujourd'hui, que le forte présomption de la non-existence du précepte absolu que l'on y croit découvrir !

Deuxième hypothèse : Un acquéreur.

Voyons maintenant quelles règles le Code a tracées pour le cas où l'hypothèque légale est mise en péril.

Ici nous entrons dans un ordre d'idées particulier, dans une phase d'exception où le droit de la femme cesse d'être protégé virtuellement par la loi. L'intérêt des acquéreurs, s'élevant à la hauteur d'un intérêt public, entre en lutte ouverte avec le droit de la femme, et le met en demeure de se manifester sous peine de déchéance. Cet état nouveau diffère complètement de celui où le droit du créancier, sur les biens du débiteur commun, vient se juxtaposer à l'hypothèque légale, mais sans lui faire échec. Régies toutes deux par des principes spéciaux, ces situations, qu'il faut se garder de confondre, sont réglées par le Code Napoléon sous deux chapitres distincts. Leur comparaison fera ressortir plus d'un enseignement utile.

Art. 2194.

Un immeuble est vendu. L'acquéreur veut se libérer. L'équité, l'intérêt général, exigent que l'on assure, dans ses mains, une propriété à l'abri de tout recours. Si des hypothèques légales existent sur cet immeuble, les créanciers auxquels elles profitent, peuvent ne pas vouloir s'inscrire, ou n'avoir aucun intérêt à le faire. Le législateur fait donc fléchir le principe qui l'a conduit tout d'abord à placer l'hypothèque légale sous la tutelle de la loi. Mais en prononçant l'extinction d'une hypothèque qu'il avait jusque-là entourée de tant de faveur, il est hors de doute qu'il se préoccupe vivement de cette éventualité. Il ne peut abandonner l'incapable au moment où son intérêt, directement menacé, a besoin d'une protection plus grande. Il sait qu'il ne s'agit plus ici, comme au chapitre où il traite « du rang que les hypothèques ont entre elles, » d'une question de préférence. C'est une question de vie ou de mort, qu'il va résoudre. Et cependant, (article 2194), avec quelle prudence il modère ses expressions! « Les femmes, (il les met en première ligne), les maris, etc., seront reçus à requérir... » Seront reçus! S'il voulait que les inscriptions fussent toujours et toujours requises, est-ce là le langage qu'il eût employé?

N'était-ce pas le cas de répéter cette recommandation si pressante de l'article 2136 : « sans aucun délai ?»

Puis il ajoute :« à requérir, s'il y a lieu... » N'est-ce pas dire : « si l'inscription a un but et une raison d'être ? »

Comparé aux articles 2134 et 2135 d'une part, et à l'article 2194 de l'autre, l'article 2136 se trouve donc réduit à son véritable rôle ; et ce rôle est loin d'être négatif. Il ordonne, dans l'intérêt des tiers, la publicité, la révélation des hypothèques légales.

Cette vérité, que l'examen des textes et le seul raisonnement suffiraient à démontrer, devient incontestable si l'on se reporte aux discussions qui ont précédé notre Code, si l'on consulte sans parti pris ces discours, ces exposés de motifs, vivantes archives, lumineux commentaires, dont le témoignage ne saurait être récusé.

III

Discussion au Conseil d'Etat.

Rappelons, tout d'abord, qu'avant la Loi de brumaire, la femme n'était exposée à perdre son hypothèque que si, avertie, elle avait négligé de former opposition en temps utile. La déchéance, partielle d'ailleurs, était l'exception.

Après la loi, l'hypothèque n'existant qu'à charge d'être inscrite, la déchéance était devenue la règle.

L'inscription, dans ce système, était toujours nécessaire pour faire valoir le droit qui, sans elle, n'était point opposable aux tiers ; tandis que l'opposition, sous l'empire de l'Édit de 1771 (système repris par notre Code), était seulement nécessaire pour ne pas perdre, dans un cas et sur un point donnés, un droit pleinement garanti. — Différences fondamentales, indiquant bien toute la distance qui sépare les deux formalités.

Il est aussi très important de noter les deux effets très marqués, très distincts, que produit l'inscription :

1° Détermination du rang hypothécaire, ou, ce qui est la même chose, *conservation* du droit au profit du créancier;

2° *Publicité* au profit des tiers.

Lorsque furent discutées au conseil d'Etat les bases du nouveau régime hypothécaire, deux opinions étaient en présence. L'une, soutenue par Treilhard, Réal, Berlier, voulant maintenir pour les hypothèques légales le système de la Loi de brumaire, système soumis à l'épreuve de cinq années de pratique, et qui, nous l'avons vu, n'y résistait pas. L'autre, défendue par Napoléon, Cambacérès, Tronchet, Bigot-Préameneu, Portalis, demandant le retour à un principe qui avait formé pendant des siècles le droit commun de la France.

L'hypothèque légale diffère des autres droits hypothécaires par sa nature, par sa notoriété relative et par son origine; elle en diffère aussi par ses effets. Était-il rationnel de la soumettre aux mêmes règles?

Treilhard s'efforça de maintenir les deux principes que la loi alors existante avait posés en haine de la généralité et de la clandestinité des hypothèques sous l'ancien droit. Mais l'application de la spécialité à l'hypothèque légale, générale et indéterminée dans son essence, était impossible. Ce fut pour le système un premier échec. Le débat sur la publicité fut plus ardent; il se prolongea par suite d'une confusion qui dure encore.

La publicité, à vrai dire, n'était pas en question. Il était reconnu, sans conteste, que toutes hypothèques devaient être publiques. Publicité et inscription sont choses distinctes. Les partisans de l'inscription se posèrent en quelque sorte comme les défenseurs exclusifs de la publicité.

D'un autre côté, l'inscription présente, comme nous l'avons dit, une double face. Chaque parti la combattit ou la soutint à un point de vue différent.

« Cette formalité, disaient ses adversaires, est im-
« puissante à protéger efficacement les droits des inca-
« pables. » Et cela est très vrai, puisque sa nécessité même suppose l'absence de toute protection jusqu'à ce qu'elle soit requise.

« Elle est, disaient ses partisans, un mode indis-
« pensable de révélation dans l'intérêt des prêteurs. Il
« faut rassurer les citoyens honnêtes et prendre des
« précautions contre ceux qui voudraient les tromper.
« Il importe de connaître l'étendue des engagements
« qui grèvent les immeubles. Les hypothèques légales
« doivent être inscrites, afin que tout prêteur puisse
« les vérifier. »

Ces arguments, qui ne varient pas, se reproduisent

à chaque phase de la discussion. (Séances du Conseil d'État des 12 et 19 pluviôse an XII ; Favart de Langlade, Conférences du Code civil, tome VII, pages 56, 58, 86, 89, 93, 99, 110, 112, 116, 119, 120, 124, 126, 130-137, 139-141).

Quand il fut bien démontré que le seul effet poursuivi était celui d'avertissement, l'inscription fut accordée, mais (suivant l'expression du premier Consul) « comme une simple formalité, et non comme une « condition nécessaire pour assurer l'hypothèque, « celle-ci devant avoir son effet par la seule force de la « loi. » (Conférences du C. C., pages 140 et 141.)

Ainsi posée, la question devenait tout à fait étrangère aux femmes et aux mineurs. En quoi, en effet, la publicité les intéresse-t-elle? L'engagement contracté envers un tiers par le mari ou le tuteur, est à leur égard *res inter alios acta*. La bonne foi exige que le grevé d'hypothèque légale fasse connaître sa situation. « Les mesures coercitives, édictées par la loi, » sur lesquelles s'appuie M. Troplong, et qui se réduisent aux peines du stellionat si l'on a commis une fraude, ne peuvent donc avoir que cette révélation pour objet.

Dans son rapport au Tribunat, Grenier, parlant au nom de la section de législation, disait : « La loi « affranchit de la publicité, par la voie de l'inscription, « les hypothèques des femmes sur les biens de leurs « maris. »

Rapport au Tribunat.

Puis, après exposé les causes de cet affranchis-
sement, il poursuit ainsi :

« Venons actuellement aux moyens que la loi pré-
« sente aux tiers, afin qu'ils ne soient pas victimes des
« hypothèques légales pour ne pas les avoir connues.
« Sans parler de la *facilité* qu'il y a ordinairement à
« connaître l'*état* des personnes avec lesquelles on
« contracte, ils trouveront une garantie dans les dispo-
« sitions des articles 45 à 48 du projet de loi, (arti-
« cles 2136 à 2139 du Code). Voilà, continue-t-il,
« autant de moyens communs aux prêteurs et aux
« acquéreurs, pour qu'ils ne soient pas trompés par
« une ignorance *que, d'ailleurs, on ne présumera*
« *pas aisément* (1). »

Ces articles 2136 à 2139 n'ont donc aucun trait à
la protection de l'hypothèque elle-même.

Discours au
Corps législatif.

Treilhard, dans son discours au Corps législatif,
après avoir rappelé les termes des articles 2135 et
2136, en explique ainsi les motifs : « S'il a été juste
« de protéger la faiblesse des femmes et des mi-

______

(1) On ne saurait, en effet, trop se mettre en garde contre
cette propension, généreuse dans son principe, mais fatale dans
ses résultats, qui conduit à ne marchander ni son zèle ni ses
efforts, pour améliorer une situation présentée sans preuves,
admise sans contrôle, comme désavantageuse ou digne de
toute pitié. Il n'est point d'institution qui n'ait son contin-
gent d'imperfections, point d'individu qui soit à l'abri de tout
danger. Vouloir en exonérer complètement les uns et les
autres, est une pure utopie; — décharger le coupable pour
charger l'innocent, est une grosse iniquité.

« neurs, il n'a pas été moins convenable, moins né-
« cessaire, de veiller à ce que les tiers ne fussent pas
« trompés. » Il énumère ensuite les dispositions multipliées sur lesquelles il fonde l'espoir que les inscriptions ordonnées seraient toujours prises ; et il ajoute :
« Enfin, on n'a rien omis pour s'assurer que les
« registres du conservateur présenteront au public
« l'état des charges dont les immeubles des maris et
« des tuteurs seront grevés. » Il va même jusqu'à supposer le cas où les inscriptions *ne seraient pas prises ;*
et cette hypothèse, loin de lui paraître devoir mettre
toujours en péril le droit des femmes et des mineurs,
le conduit à expliquer « pourquoi, alors, la loi fait
« retomber sur le tiers, *qui n'a pas apporté dans sa*
« *conduite une sage circonspection, les suites de son*
« *imprudence.* »

Il semble impossible de lire ce passage de l'exposé
des motifs, sans emporter de cette lecture la conviction
du caractère tout singulier, tout restreint, tout spécial,
des inscriptions que, par ces articles, la loi a entendu
ordonner.

Sur ce point fondamental, les preuves ne sauraient
être trop nombreuses.

A la séance du 25 ventôse an XII, Tronchet disait :
« Ce n'est pas pour l'intérêt des femmes et des mineurs
« que les inscriptions sont formées, puisque leur hypo-
« thèque est indépendante de cette formalité. C'est
« pour la sûreté des tiers. »

Berlier, l'un des partisans de l'inscription, disait aussi :
« Inutile à la femme et au mineur, puisque la loi veille
« pour eux, cette inscription a purement lieu dans l'in-
« térêt public. Elle n'a pour but que d'avertir les tiers. »

Aveugle qui ne veut pas voir, pourrait-on dire.
Mais il y a quelque chose de plus décisif. Dans le
projet de loi, la première rédaction de l'article 2136
était ainsi conçue :

« Sont, toutefois, les maris, tuteurs et subrogés-
« tuteurs, chacun pour sa gestion, tenus de requérir.... »

Cambacérès.

Le consul Cambacérès fit observer : « qu'il convien-
« drait d'exprimer dans la rédaction, que les inscrip-
« tions exigées par l'article 2136 n'ont d'autre objet
« que d'avertir les tiers. Autrement, ajoute-t-il avec
« beaucoup de raison, (que de fois, en effet, sa prévi-
« sion s'est réalisée!), ceux qui n'auraient pas la dis-
« cussion sous les yeux, concevraient *difficilement* com-
« ment des hypothèques qui, aux termes de l'article
« précédent, ont de plein droit toute leur force, se
« trouvent cependant *soumises* à cette formalité. »

Sur cette observation, la rédaction fut modifiée de
la manière suivante :

« Sont, toutefois, les maris et tuteurs, tenus de
« rendre publiques les hypothèques dont leurs biens
« sont grevés, et, à cet effet, de requérir..... »

Il n'est pas besoin d'insister sur l'importance de ce
changement, qui ne semble pas avoir été suffisamment
médité.

IV

En présence d'explications si répétées et si précises, est-il possible de conserver quelque incertitude sur l'esprit de la loi?

Oui, l'article 2136 ordonne d'inscrire les hypothèques légales; mais nous savons maintenant dans quel but, et nous avons déjà montré (pages 21 et suivantes), quelle est la mollesse de son commandement, quant à l'inscription, — sa force, au contraire, quant à la révélation de l'hypothèque. Inscription.

Nous avons cherché avec le plus grand soin un passage, un mot, qui pût donner à entendre que le nouveau législateur avait voulu enchérir sur la protection de l'article 2135, corroborer par l'inscription la loi elle-même, ajouter enfin une garantie nouvelle aux dispositions de notre ancien Droit. Nous n'avons absolument rien trouvé.

Dans quel camp, d'ailleurs, cette pensée d'extension aurait-elle pris naissance? Ce n'était pas dans celui des partisans de la Loi de brumaire, préoccupés avant tout de l'intérêt des tiers, et qui ne craignaient pas de *compromettre* la sécurité des incapables par amour d'un système. Ce ne pouvait être dans le camp des adversaires de l'inscription, puisque, loin de vouloir en tirer un parti quelconque, ils la *rejetaient* en tant que conservatrice du droit, puisqu'ils ne l'admettaient qu'à la condition d'être une simple forme d'avertissement, en cas d'emprunt contracté.

A mesure qu'on s'éloigne de l'époque de la promulgation d'une loi, les causes d'erreur se multiplient. On oublie peu à peu la pensée qui a présidé à sa rédaction ; on s'attache à tel mot, on néglige tel autre, et cependant ne semble-t-il pas que les rédacteurs du Code aient voulu multiplier aussi les explications, afin que leur volonté ne fût pas méconnue ?

Ici se place une objection :

Effet
conservatoire.

« Il est, dit-on, impossible de nier que la formalité « ordonnée par les articles 2136 et suivants, reprend « son caractère conservatoire dans tous les cas où « l'inscription devient nécessaire pour préserver le « droit de déchéance. »

Nous concédons volontiers que l'inscription, une fois requise, devient un acte conservatoire dont les femmes et les mineurs peuvent être appelés à user. Il est certain que, la loi ayant donné aux officiers du ministère public, aux parents du mari et de la femme, et à la femme elle-même (articles 2138 et 2139), la faculté de prendre cette inscription avant toute purge, ce droit subsiste et ne peut leur être enlevé. Les uns et les autres, (mais ceux-là seulement, tant l'intérêt du mari est respectable), useront ou n'useront pas de ce droit, suivant leur appréciation personnelle. Le mari n'aura pas à se plaindre. Ces inscriptions ne pourront être rayées qu'en suivant les formes tracées par la loi. Il en sera de même de celles qu'il peut convenir au mari de requérir contre lui-même. Elles seront, les unes et les autres, régulièrement prises.

Lorsqu'il a réglé dans l'article 2153 la forme de l'inscription des hypothèques légales, le Code n'a rendu obligatoire aucune mention particulière pouvant indiquer si la formalité doit produire l'effet de conservation de l'hypothèque (en cas de purge, par exemple), ou si elle est restreinte au simple effet d'avertissement (alors que la loi protége elle-même l'hypothèque légale). Il n'est donc pas douteux que ce double caractère se reproduit dans l'inscription, dès qu'elle est requise (1).

Art. 2153.

---

(1) Devons-nous regretter que le Code ait donné une même appellation à la formalité de l'article 2136 et à celle de l'article 2194? Serait-il souhaitable qu'une disposition législative vînt rendre possible, dans l'intérêt des tiers, l'exécution de la seconde prescription (la déclaration inscrite)? — Ce serait, à notre avis, un grand tort et une grave illusion. Les peines du stellionat sont très rarement appliquées; la masse des hypothèques légales est très considérable. On ne peut remuer tant de bras ni noircir tant de papier pour une si mince exception.

La loi a rempli son office en frappant d'une pénalité les fausses déclarations. Il faudrait donc attacher aussi une peine au défaut d'annotation! Mais quel membre du parquet voudrait en demander l'application contre le mari ou le tuteur en faute, si celui-ci opposait la notoriété de son mariage, de sa tutelle, l'absence d'emprunts de sa part, enfin le défaut d'intérêt de la part de qui que ce soit?

Et c'est précisément cette nature mixte de l'inscription, qui a déterminé l'insuccès de cet essai de publicité écrite des hypothèques légales, — les maris et tuteurs ayant trouvé dans l'accomplissement de la formalité un effet tout autre et beaucoup plus grave que celui auquel la loi avait entendu les obliger ; — et, d'un autre côté, les incapables eux-mêmes ayant rencontré dans cette inscription, requise avant le temps, des résultats beaucoup plus préjudiciables qu'utiles.

Mais l'effet conservatoire attaché à une inscription rédigée suivant les termes de l'article 2153, qui ne s'est occupé que de la forme, ne peut logiquement conduire à l'extension de l'ordre donné aux maris dans l'article 2136 d'inscrire l'hypothèque « à l'effet seulement de la révéler. » Ce dernier article statue sur le fond même du droit. Le but de la loi est certain ; elle n'a pas voulu autre chose qu'une inscription annonciative de l'hypothèque. Obliger les maris au delà de cette limite, c'est enfreindre sa volonté, c'est dénaturer son texte.

Nous avons déjà vu que l'ordre d'inscrire n'est pas absolu, malgré les termes de l'article. Cet ordre ne constitue qu'une prescription incomplète, puisqu'elle est dépourvue de sanction. Treilhard lui-même, — le plus ardent promoteur de cette tentative, que nous pouvons appeler avortée, puisque nos mœurs et la nature des choses y ont si énergiquement résisté, — Treilhard espérait seulement que les inscriptions seraient prises. Il semblait ainsi prévoir l'échec qui devait être la critique la plus amère de son œuvre.

Dans cette séance du 25 ventôse an XII, où se décida la rédaction définitive de l'article 2136, la même observation, « d'un effet conservatoire éventuel en cas de purge, » fut présentée par Jollivet. Mais cette considération d'une hypothèse *régie par d'autres dispositions*, ne pesa d'aucun poids sur la décision. La première rédaction n'en fut pas moins modifiée.

Par suite de ce changement, c'est la loi elle-même qui parle, c'est elle qui prend le soin d'expliquer à tous sa pensée et son but. Le devoir d'inscrire cède le premier pas au devoir de révéler. L'inscription, destituée par les articles 2134 et 2135 de ses caractères intrinsèques, essentiels, est ici comme dans les articles 2137 à 2139, restreinte à l'effet extérieur et accessoire de publicité.

Alors même que l'inscription revêt le caractère conservatoire, elle ne supplée jamais complètement à l'action protectrice qu'elle vise cependant à remplacer. « Son rayonnement est circonscrit et local. Elle n'a « ni l'ampleur, ni la majesté de la loi, ni sa généralité, « ni sa puissance. »

Reconnaissons donc que l'ordre de rendre les hypothèques publiques n'est nullement prescrit dans l'intérêt des incapables. Autre est ce cas, autre est celui de la purge. Sur ce dernier point, l'opinion des rédacteurs du Code n'est pas moins utile à connaître :

Purge.

« Quelque sacré que soit l'intérêt des femmes et des
« mineurs, disait Treilhard, la protection qui leur est
« due ne peut empêcher d'établir des moyens de
« purger l'hypothèque à leur égard. Négliger de le
« faire, ce serait troubler l'ordre et blesser la justice. »

Le premier Consul insista à plusieurs reprises pour
abroger le système alors en vigueur, et rendre à la loi
son ancien effet de protection, « en établissant néan-
« moins une procédure sommaire pour purger les hy-
« pothèques légales. » Les résultats de cette procédure,
organisée dans les articles 2193 et suivants, sont ap-
préciés en ces termes par les rapporteurs près le Tribunat et le Corps législatif :

« S'il n'a pas été pris d'inscriptions dans le délai,
« dit Treilhard, les immeubles passeront libres au
« nouveau propriétaire, parce qu'il sera constant
« qu'on n'a eu ni la volonté, ni le droit d'en prendre. »

Signalons en passant que cette dernière expression :
« ni le droit, » est une inadvertance qui a échappé à l'attention et à la plume de l'éminent rapporteur. La purge
n'est pas instituée contre ceux qui n'ont pas de droit (1).

---

(1) Ainsi encore, dans la discussion, (séance du 19 pluviôse
an XII; Conférences du Code civil, page 124,) pour prouver
que l'inscription des hypothèques légales en assure l'effet,
Treilhard propose l'exemple d'un père qui se laisse tromper
par les apparences de fortune de celui qui recherche sa fille.

Cet exemple est sans doute excellent pour montrer la nécessité d'inscrire les hypothèques volontaires; mais que
prouve-t-il à l'égard de l'hypothèque légale ?

Grenier disait avec plus de netteté, (voir son rapport au Tribunat) : « Après tant de précautions, on sera « forcé de croire, ou qu'il y aura des inscriptions, ou « que, *s'il n'y en a pas*, ce sera uniquement parce que « l'utilité ne s'en fera pas sentir, et qu'on n'aura pas « *voulu*, ainsi que cela devait être, nuire au mari ou « au tuteur, gratuitement et sans objet. »

Comment les auteurs du Code, (contrairement aux règles qu'ils avaient établies dans les articles 1428 et 1562 déjà cités), auraient-ils posé en principe que le mari doit toujours inscrire conservatoirement l'hypothèque légale? Ce principe, ils ne le reconnaissaient pas en cas de purge; comment l'auraient-ils admis à l'état de règle constante?

Les dispositions du Code Napoléon, ainsi étudiées dans leur ensemble, peuvent donc se résumer ainsi : D'une part, avant qu'aucun fait, aucun avertissement se soit produit, qui puisse mettre l'hypothèque légale en péril : — sécurité complète pour la femme par l'intervention de la loi, et de plus, mesures coercitives, afin d'arriver à la révélation des hypothèques légales, dans l'intérêt des tiers. Et d'autre part, — en cas de purge : — précautions prises pour permettre aux créanciers à hypothèque légale de requérir, s'il y a lieu, sur l'immeuble vendu, les inscriptions nécessaires.

Telles sont les solutions données par le Code aux différents problèmes qu'il avait à résoudre. Solutions aussi claires que justes, pourvu qu'on les applique,

sans excès de zèle, suivant l'ordre logique des idées
que le législateur a eu tour à tour à examiner.

V

Exécution
de la Loi
nouvelle. C.C.

C'est en ce sens que, dès sa promulgation, la loi a
été exécutée et comprise. Les deux prescriptions de
l'article 2136 furent interprétées comme elles devaient
l'être. L'une d'elles a gardé sa vitalité et son énergie.
Quant à l'autre, même en laissant de côté les inconvénients attachés à son exécution, comme elle n'avait
chance d'être accomplie que par ceux qui ne voulaient
tromper personne, on reconnut bientôt qu'elle était, à
leur égard, parfaitement inutile.

Cependant quelques procureurs impériaux qui, suivant la prévision de Cambacérès, n'avaient jamais eu la
discussion sous les yeux, crurent devoir inscrire l'hypothèque légale d'office : les uns, en vertu de l'article
2138, et avant même qu'il y eût eu aucun acte d'aliénation par le mari; les autres, en vertu de l'article
2194, alors seulement qu'ayant connaissance d'une
aliénation par le dépôt au greffe, le moment leur semblait venu de protéger le droit de l'incapable; — dans
les deux cas, sans jamais s'inquiéter de savoir si ce
droit courait un risque.

Mais afin de faire cesser cet état de choses, aussi troublé qu'illégal, le Grand Juge, Ministre de la justice, transmit aux procureurs impériaux, à la date du 15 septembre 1806, une Circulaire dans laquelle, en rappelant à l'exécution de la règle ceux qui l'avaient outre-passée, il prescrit de n'inscrire que lorsqu'il y a lieu, et signale les inscriptions ainsi requises d'office, « soit pour la garantie publique, soit pour la conservation du droit, » comme exposant les époux et les tiers à des frais, à des difficultés, à des lenteurs préjudiciables, comme portant atteinte au libre exercice de la propriété, enfin comme également contraires au texte et à l'esprit de la loi.

Circulaire
du
15 septembre
1806.

Et ces observations, la Circulaire les étend même au cas où il s'agit de femmes mariées sous le régime dotal, la règle étant la même.

C'est ainsi qu'un demi-siècle s'est écoulé sans qu'aucune réclamation se soit élevée dans l'intérêt des incapables. On peut donc en inférer que les règles du Code et l'interprétation qu'elles ont reçue, ne leur ont causé aucun préjudice.

Les réclamations, au contraire, ont été nombreuses, dans l'intérêt des tiers. Comment une campagne entreprise, au nom de cet intérêt, par ces esprits spéculatifs qui, suivant l'observation de M. Troplong, « rêvent à tout prix le crédit foncier, et ne s'inquiètent « que médiocrement du crédit de la famille ; » comment, disons-nous, cette campagne se trouve-t-elle

aboutir en définitive à cette croisade de protection su-
rérogatoire pour les hypothèques légales?

Dès 1838, les partisans de l'inscription forcée pré-
tendaient : « qu'il n'était pas plus rigoureux d'obliger
« les hypothèques légales à s'inscrire pour recevoir
« effet, que de les obliger à cette même inscription
« comme l'exige l'article 2194 en cas de purge ; — que
« l'une des formalités n'est pas plus difficile que l'au-
« tre ; — enfin que leur système avait ceci de *supérieur*
« au système du Code, que ces hypothèques se trouve-
« raient ainsi toujours inscrites au moment où leur
« inscription devient absolument nécessaire. »

Il n'y a rien de nouveau sous le soleil. Ces alléga-
tions n'étaient que la reproduction de celles émises par
Treilhard, lors de la discussion du Code. Alors aussi
celui-ci soutenait que le système de la Loi de brumaire
« n'était pas plus embarrassé que celui de l'Édit de
« 1771, qui purgeait l'hypothèque faute d'opposition.»
(Conférences du Code civil, pages 93 et 114). Ce qui
était confondre deux situations distinctes, et ne tenir
compte ni de l'absence d'un danger immédiat quand
le droit vient seulement de naître, ni de la mise en demeure nécessaire en cas de purge et qui justifie la déchéance, ni des désavantages à tous les points de vue
de ces inscriptions permanentes.

Quoi qu'il en soit, entraînés par ce désir du mieux
qui travaille et égare parfois les meilleurs esprits, quelques jurisconsultes, épris de nouveautés et rêvant la

conciliation impossible de deux législations opposées (Code Napoléon et Loi de brumaire), ont enfin cru trouver dans un système mixte la solution du problème.

« Pour que le mineur et la femme mariée soient « garantis par une protection suffisante, il est *néces-* « *saire,* disent-ils, que leurs inscriptions soient pri- « ses (1). Or, comment les choses se passent-elles le « plus ordinairement ? Si la ruine du débiteur est fou- « droyante, inattendue, les créanciers à hypothèque « légale seront sans doute payés de ce qui leur est dû, « parce qu'alors on ne manquera pas de prendre « inscription dans l'intérêt des incapables.

« Mais si le grevé perd peu à peu sa fortune et vend « successivement ses immeubles, il est rare que la « femme ou le mineur ne subissent pas une perte. A « chaque vente, la purge légale s'opère. On ne prend « pas d'inscription parce qu'*on ne veut pas* porter de « perturbation dans les affaires du vendeur, et le gage « immobilier des incapables leur échappe graduelle- « ment, de manière à ne leur laisser *aucun ou pres-* « *que aucun* moyen de recouvrer leurs créances. Ainsi « la conservation des hypothèques légales est à peu « près livrée au hasard. *La dispense d'inscription* « constitue pour elles un danger *permanent,* puis- « qu'elles peuvent être effacées *par la purge* (2).

(marginal note) *Nouveau système proposé.*

---

(1) Prémisses trompeuses. Erreur et vérité.
(2) Ici encore le raisonnement penche. Il abandonne la ligne *nécessaire.* Il ne se tient plus. On passe sans s'en aper-

« La Loi du 23 mars 1855 est venue *ajouter encore*
« à ces dangers. Son article 8 oblige *la femme*, le mi-
« neur ou leurs héritiers à prendre inscription dans
« l'année qui suit la dissolution du mariage ou la ces-
« sation de la tutelle, sous peine de ne prendre date à
« l'égard des tiers que du jour des inscriptions prises
« ultérieurement.

« Au lieu de laisser les mineurs et les femmes dans
« cette situation précaire et douteuse où leurs droits
« sont livrés à des chances qui échappent à tout cal-
« cul, pourquoi (tout en laissant à la loi, par l'arti-
« cle 2135, son effet de protection dans le cas où
« l'hypothèque légale ne serait point inscrite), ne pas
« *réagir* contre l'inexécution de l'article 2186, en ce
« qui touche l'*obligation* pour les maris et les tuteurs
« de requérir inscription (1) ?

« Alors l'intérêt des incapables sera réellement ga-

---

cevoir à un ordre d'idées tout différent. Pourquoi s'en prendre à la *dispense d'inscription* quand on vient de signaler
précisément la vraie cause, c'est-à-dire, la *volonté* de ne pas
prendre inscription? Et qu'y faire? — Remarquons de plus
que, si ce raisonnement doit conduire à effacer la dispense
d'inscription, il doit conduire aussi à effacer la purge; ce qui
est faire le procès à la loi, et à la justice.

(1) L'obligation, où est-elle? Les maris, les tuteurs, ne sont
tenus d'inscrire qu'à l'effet de rendre l'hypothèque publique.
Pour arriver à ce changement dans la législation, une loi
serait nécessaire. On espère s'en passer en agissant contre le
sens de l'article 2136, contre son application semi-séculaire,
et en pliant la jurisprudence et le droit aux nécessités de la
nouvelle doctrine.

« ranti, car leurs hypothèques étant inscrites ne pour-
« ront plus disparaître (1). »

Ce tableau est trop séduisant pour être vrai. Les
théories qui semblent les plus judicieuses, les plans
qui paraissent les mieux combinés, sont condamnés
d'avance à la stérilité, — s'ils se heurtent contre l'équité,
la raison et les faits (2).

Ce système, dont il nous reste à exposer les inconvénients et les vices, aboutit nécessairement à l'inscription forcée des hypothèques légales. Les partisans
de la publicité écrite sont-ils donc à la veille de rega-
gner tout le terrain qu'ils ont perdu ? En paraissant
respecter sur tous les points le Code Napoléon, la nouvelle doctrine en est la négation et le renversement.
Nous croyons l'avoir démontré. Nous verrons (pages
55 et suivantes) si, en effet, la loi de 1855 vient lui
prêter appui.

En général, les systèmes les plus défectueux sont
assis sur quelque vérité. Il est à la fois exact et inexact
de dire que les droits des femmes et des mineurs ne
sont pleinement protégés, que si leurs inscriptions sont
prises. Oui, dans certains cas prévus soit par le Code

---

(1) Autre erreur grave. (Voir ci-après, pages 51 à 54.)

(2) Une des séductions les plus redoutables pour le juge,
est celle qui s'adresse moins à sa raison qu'à son cœur. On
fait appel à sa générosité, on veut protéger les faibles ou quelquefois ceux qui s'appliquent à le paraître, et au lieu de leur
être utile, on rend leur condition future plus fâcheuse.

Napoléon, soit par la Loi du 23 mars 1855, l'inscription peut être utile. Mais il est faux que, même dans ces cas, elle soit constamment nécessaire. Il est faux surtout que cette inscription soit utile lorsque la loi veille pour l'incapable, lorsqu'aucun événement, aucune mise en demeure, n'oblige l'hypothèque à se défendre.

Inscription permanente.

« Mais, dit-on, il suffit que l'inscription prévue par
« l'article 2136 puisse avoir, dans un seul cas, une
« utilité pour la femme. Or, cette inscription, prise
« peut-être à l'origine sans utilité immédiate, crée ce-
« pendant pour l'incapable un avantage considérable,
« celui d'avoir son droit inscrit au moment où il a be-
« soin de l'être. »

Cette objection n'est que spécieuse. De l'utilité possible de cette inscription, dans certains cas, on ne peut pas conclure à sa nécessité dans tous les temps et dans toutes les hypothèses.

La loyauté, une bonne administration, des remplois effectués, le néant des reprises, ou leur médiocre importance mise en regard d'une fortune assurée ou d'un crédit solide; sont-ce là des faits dont le législateur n'ait point à tenir compte ?

Les hypothèques légales se comptent par millions. Les obligations qu'elles garantissent sont, par leur nature, d'une longue durée. Le nombre des maris, bons administrateurs, est beaucoup plus grand que celui des dissipateurs et des prodigues. Et l'on voudrait,

sans avoir égard à ces considérations, grever tous les
citoyens d'une formalité gênante, onéreuse, et, dans
l'immense majorité des cas, complètement inutile ! Si
vous établissez une règle, elle sera inflexible. Les bons
pâtiront pour les mauvais. Il n'est ni moral, ni politi-
que, ni juste de courber toutes les têtes sous un soup-
çon universel de mauvaise foi. Assez nombreux sont
les cas où le devoir commande de la combattre.

Et qu'on ne tente pas d'assimiler l'inscription à l'hypothèque elle-même ! L'inscription, quand elle appa-
raît sans cause immédiate, sans intérêt vrai, produit
un trouble, une désunion, dont les effets sont particu-
lièrement ressentis par ceux qu'elle cherche à défendre.
Le Code Napoléon attache silencieusement l'hypothèque aux immeubles du mari, du tuteur. Il ne porte
aucune atteinte à la bonne harmonie.

La loi ne peut créer entre les époux des motifs inces-
sants de discorde. Elle ne peut ordonner à la femme
de pratiquer sur les biens du mari une sorte de saisie,
et de s'opposer, quand même, à toute aliénation.

« Tous les maris ne sont pas possesseurs d'immeu-
« bles. A ceux qui se trouvent dans ce cas, la loi ne
« demande rien. N'est-il pas contradictoire de témoi-
« gner plus de défiance précisément à ceux qui offrent
« le plus de garanties ? (M. Hailig.) »

Dans aucun cas le Code n'astreint les femmes à l'o-
bligation d'inscrire. D'après l'article 2139 la femme
peut requérir inscription. C'est elle (nous l'avons vu)

que l'article 2194 appelle la première à faire, s'il y a lieu, cette réquisition. C'est à elle que doit être remis l'acte qui la met en demeure. Le Code est donc loin de la considérer comme incapable de veiller à ses intérêts.

Articles 1443 et 1563. Dans les articles 1443 et 1563, où il s'occupe précisément du cas où la dot est mise en péril, il laisse encore à la femme la liberté de suivre ou de ne pas suivre la voie qu'il indique.

Sans doute cette liberté a ses dangers. Il se peut que la femme néglige, s'abstienne même de prendre inscription quand son intérêt le lui commande. Mais cette éventualité, la loi ne l'a-t-elle pas admise en admettant que l'hypothèque légale pouvait être purgée ?

Est-on bien certain, d'ailleurs, que la nouvelle doctrine aura pour effet de sauver les dots de péril ? Si quelques dots sont perdues, examinons si c'est bien au défaut d'inscription qu'on doit s'en prendre ?

Incapacité de la femme. « La femme, dit-on, est sous la dépendance absolue « du mari. C'est là ce qui la place, sinon dans une in- « capacité de droit, au moins dans une incapacité de « fait, qui ne permet pas de lui confier le soin d'un si « grave intérêt. »

Mais la loi ne lui a-t-elle pas laissé une liberté plus grande encore et plus dangereuse : celle de s'obliger ; et cela, sans se préoccuper de savoir si le mari possède ou non des immeubles suffisants pour garantir la femme des engagements qu'elle contracte ? Ne peut-on pas dire alors qu'elle fait indirectement, en ne s'inscrivant pas, ce que la loi lui donne le pouvoir de faire, d'une manière directe, au moyen d'une obligation solidaire? En lui laissant la faculté d'inscrire ou de ne pas inscrire, la loi est donc conséquente avec elle-même. L'influence du mari est cependant beaucoup plus à craindre, alors qu'il cherche par tous les moyens possibles à battre monnaie, qu'au moment où le simple accomplissement d'une formalité peut lui conserver encore quelques ressources.

Pour préserver les femmes de cette influence, faut-il leur interdire de s'obliger avec leurs maris, de consentir aucune cession, aucune subrogation dans l'effet de leur hypothèque légale? On ne peut y songer. Ce serait supprimer, d'un trait de plume, le Régime de communauté, si généreux vis-à-vis de la femme, « régime, suivant notre éminent contradicteur, si libre « d'allures, qui cadre si bien avec notre esprit français « et est entré si avant dans nos habitudes (1). »

Régime de communauté.

On est donc réduit en cette circonstance, comme en beaucoup d'autres qui, toutes, proviennent d'une même cause, à n'exprimer que des regrets stériles. « Il est fâ-« cheux qu'elle s'oblige. Il est fâcheux qu'elle ne s'ins-« crive pas. » Mais, en législation, ce n'est pas à quelques faits particuliers, c'est aux résultats généraux qu'il faut

____

(1) Cette pensée d'interdire à la femme la faculté de s'obliger, se produisit en effet lors de la rédaction du Code (Conférences du C. C., page 141); mais elle ne pouvait être que la suite d'un entraînement irréfléchi.

s’attacher. La faculté de ne point s’inscrire n’est, pas plus que celle de s’obliger, en contradiction avec le principe de la conservation des dots (1).

Si vous enchaînez la liberté des époux, plus de confiance dans la bonne administration du mari ; plus d’espérance de progrès ; plus de participation de la femme au bien-être de la famille. « La dot ne sera qu’un emprunt à des conditions inflexibles. » Si cette liberté, comme le régime de communauté lui-même, présente des dangers, elle a aussi ses avantages. Il ne serait ni plus logique ni plus raisonnable de détruire l’un, que d’enchaîner l’autre.

Régime dotal. *Quid* ? « Mais, étant donné un régime dotal, comment la « femme, si strictement liée à tous autres égards, peut- « elle être admise à user d’une faculté si exorbitante ? »

Le Code n’a pas tracé pour la femme dotale une procédure spéciale en cas de purge. Il n’a pas créé de nouvelles exceptions en sa faveur. Elle est mise en demeure dans les mêmes formes. Or, quel sens attacher à cette notification, sinon celui d’un péril encouru ? La femme dotale est en général assez défendue par la responsabilité des tiers, par les étroites prescriptions de

---

(1) Au titre du contrat de mariage, sur l’article 1428, Berlier, dans son exposé des motifs, disait (Discours et Rapports, tome V, page 355) : « Vous reconnaîtrez, citoyens législa- « teurs, les soins que l’on a pris pour garantir les biens pro- « pres de la femme, autant que cela se pouvait dans un « système qui n’en prescrit pas l’inaliénabilité. »

son contrat. Ces prescriptions, cette responsabilité, les remplois qui, dans la plupart des cas, sont forcément effectués de ses deniers dotaux, allégent d'autant plus son hypothèque légale. C'est elle, à tout prendre, qui a le moins besoin de protection.

Cependant, comme les femmes mariées sous ce régime ne peuvent transporter leur hypothèque légale, la nouvelle doctrine aboutirait, en définitive, à protéger surabondamment les femmes dotales, et, parmi elles encore, celles-là seulement qui refuseraient de prendre inscription lorsqu'elles sont averties et qu'elles ont intérêt à le faire, c'est-à-dire, une exception dans l'exception même !

De son côté, la femme commune pourrait toujours, en cédant son hypothèque légale inscrite, transporter le bénéfice d'une inscription suscitée à si grand'peine et en opposition avec l'esprit de la loi !

VI

En admettant que l'on parvienne, la jurisprudence aidant, et grâce à l'élasticité des textes, à donner à l'article 2136 l'interprétation d'un ordre absolu d'inscrire, non plus dans le seul intérêt des tiers, mais dans l'intérêt des incapables, imagine-t-on dans quelle proportion ces inscriptions viendraient augmenter le passif qui grève la propriété foncière ?

Le patrimoine des femmes et des mineurs représente dans la richesse générale de notre société, une somme considérable. Par suite des progrès de l'industrie et de la civilisation, les valeurs mobilières tendent tous les jours à s'accroître. Le crédit immobilier de tous les maris, de tous les tuteurs, ne tarderait pas à être absorbé.

En créant des obligations plus rigoureuses, n'est-ce pas pousser à alléger de pareils devoirs ? Gênés dans leurs transactions, dans leur crédit, tous les grevés songeront à faire restreindre ces hypothèques. De là une multitude de demandes en réduction portées devant les tribunaux.

Les radiations ne peuvent être obtenues qu'après de longs circuits. Un caprice, une rancune, peuvent empêcher la demande de réussir. Voilà donc tout un prix arrêté, un dépôt devenu nécessaire, et le mari privé des ressources qu'il aurait pu faire fructifier, dans l'intérêt commun, par son travail et son intelligence.

Ecoutons encore sur ce point l'opinion des rédacteurs du Code : « S'il ne faut pas retirer à la femme « une juste protection, il ne faut pas non plus qu'une « protection exagérée vienne nuire au mari, et l'empê- « cher de vendre et d'emprunter. Il ne faut pas en- « chaîner les maris et les tuteurs au delà d'une juste « nécessité. C'est le seul moyen de ne pas leur rendre

« odieuses leurs obligations. » L'intérêt et le crédit du mari, qui sont aussi, ne l'oublions pas, l'intérêt et le crédit de la famille, ne doivent donc pas être sacrifiés.

Ces inscriptions ne seraient pas seulement une source d'embarras pour les grevés d'hypothèques légales, elles deviendraient encore un véritable danger public, une menace pour les intérêts qu'elles prétendent sauvegarder :

Il existe en France environ 10 millions de propriétaires. Sur ce nombre, il en est moitié dont la cote foncière ne dépasse pas 5 francs. Comment ces derniers pourront-ils supporter les frais relativement énormes d'inscription, de demandes en radiation et de mainlevée de l'hypothèque ? Combien ne pourront jamais être dégrevés ?

Il n'est pas juste que les maris, sur lesquels repose la direction des intérêts communs, soient condamnés à une sorte d'incapacité de disposer de leurs biens propres. Cette interdiction sur toute une classe de citoyens, cette sorte de véto qui mettrait ainsi en dehors des transactions et du commerce une notable partie de notre sol, constituerait une entrave évidente à la création et à la circulation des richesses. Les maris s'éloigneront alors de la propriété foncière pour placer leurs capitaux en valeurs d'une transmission plus facile, mais offrant certainement moins de solidité.

La doctrine ne se soutient donc pas mieux au point de vue social et économique.

L'inscription conduit inévitablement à la restriction, à la limitation, de l'hypothèque; et c'est là l'immense danger que n'ont pas aperçu ceux qui cherchent à concilier, avec l'intérêt des incapables, la doctrine de l'inscription forcée de l'hypothèque légale. C'est là le résultat qui, avec l'observation de Cambacérès, échappe à M. Troplong, (voir son Commentaire sur les articles 2136 et suivants); oubli moins étrange pourtant que celui des affirmations si sages de sa préface.

Que ce système triomphe, et bientôt les limitations permises par l'article 2140 deviendront de règle dans tous les contrats de mariage.

Mais le gage, une fois restreint, ne peut-il pas devenir par des donations, par des legs, par des successions recueillies et par mille autres causes, insuffisant et illusoire? La garantie jusqu'alors générale des femmes et des mineurs, devenant, dans un avenir prochain, de plus en plus limitée et spéciale, tel est le fruit de l'inscription quand elle est permanente! Le mieux est l'ennemi du bien. Pour accroître sans raison les garanties de quelques femmes mariées, on expose les autres à une ruine qu'elles n'auraient désormais aucun moyen de conjurer. On rouvre l'abîme que la dispense d'inscription a eu précisément *pour but* de combler.

VII

Quels changements la Loi du 23 mars 1855 a-t-elle apportés à l'ancien état de choses?

Cette loi, (à laquelle nous applaudissons sans réserve, sinon dans toutes ses dispositions, du moins dans celles qui ont trait aux hypothèques légales) « laisse « subsister les idées-mères du Code Napoléon. Elle se « borne à consacrer quelques améliorations de détail « généralement désirées. » (Commentaire de M. Troplong, sur cette loi.)

Les articles 8 et 9 sont les seuls qui se rattachent à notre sujet.

Par l'article 8, elle dispose : « que si la veuve, « le mineur, leurs héritiers ou ayants-cause, n'ont pas « pris inscription dans l'année qui suit la dissolution « du mariage ou la cessation de la tutelle, leur hypo- « thèque ne datera, vis-à-vis des tiers, que du jour « des inscriptions prises ultérieurement. »

Aux termes de l'article 9, « les cessionnaires de « l'hypothèque légale sont tenus, pour être saisis vis- « à-vis des tiers, de faire inscrire à leur profit cette hy- « pothèque, ou de faire mentionner leur subrogation « en marge de l'inscription préexistante. »

Ces dispositions se justifient d'elles-mêmes. La faveur qui est due aux incapables, est la conséquence de leur situation personnelle. « Elle ne doit ni se prolon- « ger, quand cet état d'incapacité n'existe plus, ni « s'étendre à des cessionnaires majeurs qui, pour « avoir les mêmes droits que leurs cédants, ne méri- « tent pas la même protection. »

Il semble difficile de soutenir « que, par ces deux arti- « cles, la loi soit entrée plus avant qu'elle ne l'avait fait « jusqu'alors, dans la voie de la publicité des hypothè- « ques légales, » pour tous les cas, du moins, où ces hypothèques profitent à des incapables. Elle a voulu venir en aide, dans les limites du juste et de l'utile, à la sécurité des conventions. Elle a fait disparaître une anomalie. En obligeant l'hypothèque légale à se révéler, au moment où le créancier auquel elle profite, rentre lui-même dans le droit commun, la loi nouvelle n'a évidemment rien changé à la condition ancienne de cette hypothèque, alors qu'elle protége un incapable. Elle considère, non la femme, mais *la veuve*, le mineur devenu majeur, l'interdit relevé de son état d'interdiction, enfin les cessionnaires de la femme mariée. Il est impossible d'étendre ses dispositions.

Prétendre que la Loi de 1855 a *augmenté* le péril qui résulte pour les hypothèques légales de la dispense d'inscription, n'est vraiment pas une assertion sérieuse. Où cela conduit-il ?— A vouloir protéger par avance, et le plus souvent sans utilité réelle, non des femmes mariées, non des mineurs, mais des individus en pleine possession de leur capacité ! — à vouloir faire survivre la protection à l'incapacité qui la justifie ! Ceci montre à quels résultats singuliers peut entraîner l'exagération d'un principe.

L'article 8 ne peut donc fournir le plus léger prétexte à ces précautions préventives, si contraires en réalité à l'intérêt de tous. L'article 9 se refuse également à cette conséquence. L'inscription doit être requise par les cessionnaires à leur profit ; et c'est jusqu'à concurrence seulement de leur subrogation qu'ils doivent inscrire ; — nous essaierons du moins de démontrer cette vérité, lors de l'examen de la seconde question.

Le Législateur de 1855 s'est heureusement tenu dans une prudente réserve. Il n'a rien enlevé à la nécessité pour chacun d'apporter du soin à ses propres affaires. Il s'est très sagement gardé de jeter les embarras, les écueils, que nous avons signalés, dans notre Droit simple, rapide, ennemi des rouages inutiles, « et suivant M. Trop-« long, antipathique aux mesures de défiance qui ne « revêtent pas un caractère certain d'utilité générale. »

Une dernière observation convaincra les plus incrédules. Ces deux dispositions ne sont pas nouvelles dans notre législation. Colbert, devançant les idées de son temps, *les avait introduites* (article 37) dans le remarquable Edit de 1673.

La Loi de 1855 n'a fait que les lui emprunter.

Conclusions sur la première question

Nous formulons donc sur cette question préliminaire, nos premières conclusions, ainsi qu'il suit :

1° L'hypothèque légale ne doit pas être partout et toujours inscrite ;

2° L'article 2136 ne renferme nullement l'ordre formel d'inscrire cette hypothèque, mais seulement une sorte d'incitation à le faire ;

3° Cette incitation ne concerne que les tiers, vis-à-vis desquels les maris et les tuteurs sont d'ailleurs entièrement déchargés par la déclaration ;

4° La Loi du 23 mars 1855, édictée également dans le seul intérêt des tiers, pour faciliter et assurer le crédit hypothécaire, n'a, sur aucun point, modifié la condition des hypothèques légales, au regard des femmes mariées et des mineurs ;

5° Il importe de ne pas détourner la loi de son véritable sens ; la doctrine et la jurisprudence, en s'y prêtant, feraient fausse route ;

6° Enfin, la théorie nouvelle est condamnable comme contraire, et à l'intérêt des incapables, et au crédit immobilier.

Ces vérités du premier degré ainsi établies, l'étude de la question soumise d'abord à notre examen, la recherche de ses causes et de ses attaches deviennent faciles, sans rien perdre de leur enseignement et de leur intérêt.

DEUXIÈME QUESTION

L'inscription d'hypothèque légale prise, à son profit, par le créancier subrogé, peut-elle être maintenue par le Conservateur sur ses registres, comme subsistant encore au profit de la femme, après la mainlevée donnée par ce créancier.

I

Nous avons vu que, depuis la Loi du 23 mars 1855 (article 9), les cessionnaires de l'hypothèque légale doivent, pour être saisis vis-à-vis des tiers, inscrire à leur profit cette hypothèque, ou mentionner leur subrogation en marge de l'inscription préexistante.

M. Troplong, dans son Commentaire sur cette loi, n° 340, explique ainsi cette disposition :

Ancienne doctrine de M. Troplong.

« C'est dans l'intérêt des divers cessionnaires qui « sont appelés à profiter de l'hypothèque de la femme, « que l'article 9 a créé des moyens de publicité. Le

« cessionnaire de l'hypothèque d'une femme mariée, a
« *deux* formalités à remplir. L'une est d'inscrire à son
« profit l'hypothèque de la femme ; l'autre est de *men-*
« *tionner* la cession *en marge* de l'inscription. On voit
« que les deux formalités se lient, et que la seconde
« est attachée à la première, de telle sorte que, dans la
« pensée de notre article, l'inscription est le moyen de
« parvenir à la mention de la cession. »

Ainsi, d'après M. Troplong, le cessionnaire aurait
à inscrire l'hypothèque, et toute l'hypothèque, à son
profit ; mais cette formalité ne suffirait pas : il faudrait
y ajouter encore une seconde formalité, à savoir, *la men-*
tion de la cession en marge de l'inscription ainsi requise.

Il y a là une double erreur que le texte de l'article démontre pleinement. Cet article ne dit pas :
« inscrire *et* mentionner, » mais : « inscrire à son
« profit l'hypothèque, *ou* mentionner sa subrogation
« en marge de l'inscription qui pourrait avoir été
« prise. »

Ce même article 9 ne parle que de l'hypothèque
cédée ; — nous l'établirons plus loin ; — et d'une seule
formalité.

D'ailleurs, conçoit-on une hypothèque inscrite au
profit d'un créancier, et ce même créancier obligé d'an-
noter en marge que l'inscription lui profite (1) ?

____

(1) On s'étonne quelquefois de la rapidité de propagation
d'une mauvaise doctrine. Celle-ci, (la mention en marge),
que nous condamnons comme inutile, a déjà produit ses

On serait à bon droit surpris de telles erreurs, si ce commentaire, qui transforme la loi, n'était au fond la suite naturelle des idées déjà professées par le savant auteur sur le Code Napoléon, et de ses dangereuses tendances à l'innovation. On croit facilement à ce que l'on désire.

En commentant les articles 2136 à 2139, M. Troplong avait écrit (Priviléges et hypothèques, édition de 1838, tome II, page 544) : « L'hypothèque légale des « femmes et des mineurs, n'est pas absolument dis- « pensée d'inscription. Ce n'est que dans l'intérêt des « femmes et des mineurs que cette dispense d'inscrip- « tion a été introduite : en sorte que le défaut d'in- « scription ne peut jamais leur être opposé, que lors- « qu'ils ont été mis en demeure de s'inscrire par les « formalités nécessaires à la purgation des hypothè- « ques légales. Mais, avant ce temps, la loi a voulu « que les maris et tuteurs fissent connaître *par la voie* « *de l'inscription* les hypothèques légales qui grèvent « leurs biens (1). Elle *exige* qu'ils requièrent ces in- « scriptions, sans aucun délai. »

Ainsi, en ce qui concerne les tiers, sauf cette expres-

---

fruits. Ne voyons-nous pas la Cour d'appel de Paris, cin-quième chambre (arrêt du 13 février 1872), créer, à l'exemple de M. Troplong, une mention inutile, — *et, ce qui est plus grave, impossible,* — entre créanciers venant, *successivement,* s'inscrire en concurrence sur un même immeuble ?

(1) La voie de l'inscription n'est pas la seule.

sion : « fissent connaître, » rien ne signale le but de la loi ; rien ne rappelle la distinction sur laquelle les rédacteurs du Code avaient tant insisté (1).

L'article 2137 impose également aux subrogés-tuteurs, sous leur responsabilité personnelle et sous peine de dommages-intérêts, l'obligation de veiller à ce que les inscriptions soient prises sans délai. « En-« vers qui, demande M. Troplong, le subrogé-tuteur « serait-il passible de dommages-intérêts ? Ce n'est, « répond-il, certainement pas envers le mineur, qui ne « souffre jamais du défaut d'inscription ; c'est donc « envers les tiers que l'absence d'inscription aurait pu « induire en erreur. »

Ici la vérité se fait jour. M. Troplong convient que la responsabilité de l'article 2137 n'est point établie dans l'intérêt des mineurs. En peut il être autrement de celle que l'article 2136 impose ?

Responsabilité et inscription sont les deux termes d'une même injonction. Si l'un de ces termes ne concerne que les tiers, à qui veut-on que se rapporte l'autre ?

Si le mineur « ne souffre jamais du défaut d'inscription, » (et nous savons que cela est parfaitement vrai dans l'hypothèse où l'auteur se place, c'est-à-dire, en

(1) M. Duranton, tome XX, n. 39, est plus précis. Il indique que l'inscription de l'hypothèque légale est prescrite « pour que les tiers soient avertis de son existence. » Mais alors la théorie nouvelle n'était pas née.

dehors du cas de purge, puisque la loi conserve alors
l'hypothèque légale), il en résulte nécessairement ceci :
ce n'est pas non plus dans l'intérêt du mineur que l'article 2136 a ordonné au tuteur d'inscrire.

Faisons à ce propos une triple observation :

A. L'article 2137 ouvre aux tiers une action que les
tribunaux ne pourraient pas refuser d'accueillir. Malgré cette responsabilité, malgré ce péril, (péril peu
probable, si l'on veut, mais possible, puisque ce n'est
plus, comme cela a lieu pour le mari ou le tuteur, de
sa probité même que le subrogé-tuteur aura à répon-
dre), il n'est aucun subrogé-tuteur qui ne s'abstienne
de requérir l'inscription, tant qu'un fait pouvant mettre en danger l'intérêt du mineur, n'est pas survenu.
Cependant, il ne s'agit pas pour lui d'inscrire contre
lui-même. Quel est donc le sentiment qui l'arrête ? —
Il a la conscience du mal inutile et gratuit qu'il pourrait causer. Or, ce qu'un simple particulier, guidé par
le seul bon sens, *s'abstient de faire*, comment la loi,
comment la jurisprudence le feraient-elles (1) ?

Quid
des subrogés-
tuteurs?

---

(1) Supposer, comme quelques-uns le supposent en effet à
première vue, que la responsabilité écrite dans l'article 2137
concerne en fait, non les tiers, mais les incapables, est encore
une erreur. Il suffit, pour s'en convaincre, de se reporter aux
discussions qui ont précédé l'élaboration de la loi, et de se souvenir que dans ces articles 2136, 2137 et suivants, elle a eu pour
unique objet de régir le temps *antérieur à toute purge*. Quand
survient cette purge, la responsabilité du subrogé-tuteur envers l'incapable, s'il y a eu faute, ne disparaît pas. Loin de là ;

B. On se préoccupe de la clandestinité des hypothèques légales, c'est-à-dire des fausses déclarations, alors
que la mauvaise foi, qui du reste ne se présume pas,
est frappée d'une peine ; et il ne s'est peut-être jamais
présenté un seul cas où la responsabilité du subrogé-
tuteur vis-à-vis des tiers ait été mise en jeu (1) !

C. Que l'on examine en équité cette disposition de
l'article 2137, et l'on cherchera vainement à comprendre à quel titre le subrogé-tuteur peut être tenu envers
les tiers, de la révélation d'une hypothèque qui grève
un autre que lui-même, et surtout comment il peut être
responsable si ce tiers ne la révèle pas ? La publicité est
en effet la dette du grevé, et non du subrogé-tuteur ou
des incapables.

L'article 2137 n'a donc, à cette place, aucune raison
d'être. Son expression : « sans délai » est lettre morte;
et la responsabilité qu'il édicte, ne devient équitable et
sérieuse, que si l'on transporte cette sanction au chapitre de la purge, — où l'on peut, à bon droit, être
étonné de ne la pas voir.

Sur les articles 2138 et 2139, M. Troplong dévoile
enfin toute sa pensée :

----

la loi atteint ce même résultat par d'autres prescriptions
(articles 420, 1372 à 1374, 1382 et 2194), — prescriptions
moins précises sans doute, mais les seules qui puissent devenir juridiquement applicables à cette hypothèse.

(1) Que conclure de là, sinon que la seule prescription de
déclarer l'hypothèque, sous peine de stellionat, était suffisante ?

« On voit, dit-il, par les trois articles précédents
« *l'importance* que la loi attache à l'inscription de
« l'hypothèque légale des femmes et des mineurs. C'est
« en faisant appel à tous ceux qui peuvent prendre
« intérêt à leurs droits, qu'elle croit assurer la publi-
« cité de l'hypothèque légale des femmes. Mais tous
« ces moyens sont inefficaces. Il n'est pas un pro-
« cureur du Roi qui *songe à l'exécution* de l'ar-
« ticle 2138. Les parents *et amis* ne sont pas plus
« diligents; et les femmes et les mineurs, qui n'ont
« presque aucun intérêt à ce que leurs droits d'hypo-
« thèque soient inscrits, ne justifient que trop bien le
« principe qui les considère comme incapables d'agir. »

Puis l'auteur renvoie, pour expliquer les dangers de
cette incurie, au n° 644, où nous avons vainement
cherché l'explication promise.

Il ressort de ce commentaire qu'en constatant, avec
regret, l'inexécution d'une disposition à laquelle les
femmes et les mineurs n'ont, d'après l'auteur lui-
même, les uns aucun, les autres presque aucun intérêt,
M. Troplong s'efforce de stimuler le zèle de chacun,
et indique clairement de quel côté sont ses préférences.

Et cependant, dès qu'il s'agit (puisque la loi veille)
d'un intérêt qui, en réalité, n'existe pas, l'abstention
semblerait plutôt être la preuve d'un jugement droit,
d'une appréciation saine. Nous avons vu en effet à quoi
se réduit cet intérêt hypothétique, éventuel, qui peut ne
jamais naître, soit parce que le surplus de la fortune

du mari et sa bonne administration garantissent assez les reprises, soit parce que les droits de l'incapable sont défendus, ou par l'article 2135 jusqu'à la purge, ou, en cas de purge, par l'article 2194, — dont les mesures de protection peuvent être améliorées, si on les juge incomplètes, — mais aussi doivent être, tant que la loi ne sera pas changée, réputées de plein droit suffisantes.

L'article 2136, bien étudié, n'attache d'importance qu'à la déclaration, et personne ne songe à effacer l'article 2194.

Si aucun officier du parquet ne pense à l'exécution de l'article 2138, rien ne peut mieux prouver l'inutilité et le contre-sens de l'inscription annonciative. Il suffit, du reste, de se rappeler la Circulaire de 1806.

Enfin, l'article 2139 n'admet ni les amis du mari, ni ceux de la femme, au nombre des personnes autorisées à requérir valablement pour elle l'inscription. Le pronom « *ses* » ne peut s'appliquer qu'au mineur. La loi n'a pas dit : « leurs amis, » avec intention.

Enquête sur la réforme hypothécaire. Quoi qu'il en soit, la doctrine mixte de M. Troplong a fait un chemin rapide.

En 1841, lorsque M. le Garde des sceaux, Ministre de la justice, consulta toutes les Cours sur la réforme hypothécaire, quelques Cours d'appel, tout en se prononçant pour le maintien de la dispense d'inscription en faveur des hypothèques légales, émirent en même temps la pensée « de rendre l'inscription plus obliga-

« toire, et d'étendre le cercle des personnes chargées
« de la requérir. »

L'idée première de profiter des cessions d'hypo- Cour de Paris.
thèque légale, pour arriver ensuite à retenir l'inscription prise par le créancier, paraît appartenir à
la Cour de Paris, « qui a pensé, dit-elle, qu'il fal-
« lait saisir cette occasion pour assurer, dans ce cas
« au moins, l'inscription de l'hypothèque légale. »
(Documents sur le régime hypothécaire, tome II,
page 322.)

Mais il ne faut pas oublier que, dans ce grand mouvement vers la réforme, tous les esprits étaient beaucoup trop préoccupés de la question de publicité à
l'égard des tiers, pour sonder aussi profondément
qu'il l'aurait fallu, les conséquences de ces inscriptions
au regard des incapables et de l'intérêt public.

La Cour de Cassation nous semble avoir aperçu le Cour
danger, quand, dans sa réponse à M. le Garde des de Cassation.
sceaux (même recueil, tome II, page 133), elle essaie
de trouver des équipollents à une complète publicité
« qu'*elle juge impossible*, » et quand elle ajoute :
« Qu'elle n'entend pas introduire dans la loi *une nouvelle*
« *sorte d'inscription*, et qu'elle s'est soigneusement
« abstenue d'attacher à l'exécution des mesures qu'elle
« indique, des effets et des conséquences qui pussent
« influer sur les formalités qui accompagnent la purge,
« et vinssent ainsi mettre en péril les intérêts que l'on
« a intention de protéger. »

Les Cours de Grenoble, de Rennes, et surtout celle de Rouen ont, de leur côté, indiqué avec beaucoup de force les inconvénients qu'entraîneraient des inscriptions permanentes, « marchant de pair avec la « loi, et se targuant même d'être plus puissantes « qu'elle. »

Néanmoins, lorsque s'est présentée devant la Cour de Cassation la question du maintien, après mainlevée, de l'inscription prise par un créancier subrogé, la Cour suprême (Arrêt de la Chambre des requêtes, du 2 juin 1858), s'est prononcée pour l'affirmative. Cette décision a causé une vive émotion.

Rapportons d'abord les principaux considérants de l'arrêt. Nous avons à examiner s'ils ne sont pas en contradiction avec la pensée des rédacteurs du Code, s'ils ne s'éloignent pas, suivant l'expression de M. Pont, « de la vérité juridique. » (Revue de législation et de jurisprudence, Nᵒ de juillet 1857.)

La Cour déclare en droit :

« Qu'aux termes de l'article 2157 du Code Napoléon, « les inscriptions sont rayées du consentement des « parties intéressées; que l'intérêt *de la femme* au « maintien de l'inscription de son hypothèque légale, « résulte de la disposition même de la loi, qui *pres-* « *crit* l'inscription de son hypothèque ;

« Qu'il n'importe pas de rechercher par qui et dans « quel but cette inscription a pu être faite, *pourvu* « *qu'elle ait eu lieu régulièrement*, puisque le motif

« qui a déterminé le créancier à agir, ne peut rien
« changer au droit résultant pour la femme du *fait ma-*
« *tériel de la publicité* donnée à son hypothèque légale
« par l'inscription qui en a été effectuée; que la femme
« est donc au nombre des parties intéressées dont parle
« l'article 2157, et que, néanmoins, son consentement
« n'est pas rapporté;

« Que la demande était d'autant moins admissible
« qu'elle était formée par le mari, *chargé* expressé-
« ment par la loi, et *sous les peines* du stellionat dans
« certains cas, *de requérir l'inscription* sur ses biens;
« que le mari était donc non recevable à demander une
« radiation, dont l'effet aurait été de le faire profiter de
« *l'infraction même* par lui commise à la disposition
« de la loi, qui lui fait un *devoir* et une *obligation* de
« l'accomplissement de cette formalité;

« Qu'ainsi le conservateur a été bien fondé à refu-
« ser la radiation de l'inscription, en ce qui concerne
« la femme. »

Il résulte de cet arrêt que tous les maris, tous les tuteurs, commettent une infraction à la loi en ne faisant
pas inscrire l'hypothèque légale, et que la femme est
intéressée à ce que cette inscription soit prise, à cause
de la publicité qui y est attachée ! Nous le demandons
de rechef : en quoi cette publicité l'intéresse-t-elle?

Faisons toutefois observer que la Cour avait préala-
blement pris soin de constater en fait : « que l'inscrip-
« tion avait été requise, *sans distinction* entre les

« droits de l'inscrivant et ceux qui pouvaient appar-
« tenir à sa débitrice. » Nous ne comprenons pas
comment cette distinction a pu ne pas exister, l'inscription ayant dû être requise par le créancier, *à son
profit*. Il résulte en tous cas de cette constatation,
que si, dans l'espèce sur laquelle la Cour de Cassation a statué, semblable distinction eût eu lieu, comme
elle existe dans notre cas particulier, la solution eût
été différente.

A notre avis même, le fait de la distinction, exprimée
ou non, des droits du créancier et de ceux de sa débitrice,
ne doit avoir sur la solution aucune influence. Cette
distinction est forcée, et résulte de la nature du droit
de chacun. Nous allons bientôt exposer les motifs
qui nous font affirmer cette opinion.

En outre, la Cour déclare que le seul *fait matériel*
intéressant : le fait *de l'inscription*, ne suffit pas ; et
cette déclaration a d'autant plus d'importance qu'elle
rectifie une assertion fort audacieuse émise par la Cour
d'Amiens, (Arrêt du 31 mars 1857), à savoir : « *qu'il
« importe peu* de rechercher *par qui et dans quel but*
« l'inscription a été prise ! ! » Ce qui était décréter ré-
glementairement l'autorisation à qui que ce soit d'inscrire toutes les hypothèques légales, et violer notamment les articles 5 et 2139 du Code civil.

D'après l'arrêt de la Cour de Cassation, il faut au
moins que cette inscription *ait été prise régulièrement*.

Ces mots, en effet, sont à eux seuls tout le procès.

Examinons s'ils ne devaient pas conduire à une conclusion tout opposée.

II

« L'inscription requise par un créancier subrogé est-
« elle une inscription *régulière* d'hypothèque légale en
« tière et sans limitation? »

La solution de cette question est nécessaire, et sera décisive ; car, si l'hypothèque à inscrire par le créancier ne peut être l'hypothèque légale conservatrice *du droit entier* de la femme, il s'en suivra qu'après la mainlevée donnée par lui, rien ne peut plus subsister de l'inscription qu'il a requise.

Ce créancier n'est *jamais* cessionnaire *de la totalité* des reprises. *Il ne peut pas l'être*. Sa créance est déterminée ; les reprises de la femme ne le sont pas. Il n'est cessionnaire que d'une somme à prendre sur ces reprises, dans la mesure de sa propre créance. Donc il ne conserve et ne peut conserver les droits de la femme que jusqu'à concurrence de la somme qui lui a été garantie. Ce qu'il inscrit, c'est son droit personnel, sa subrogation. Donc encore il y a *distinction*, séparation complète, entre l'intérêt du créancier et celui de sa débitrice.

En inscrivant cette subrogation, le créancier semble, il est vrai, requérir et inscrire à son profit toute l'hypothèque légale ; et ceci forme, pour qui ne cherche pas à s'en rendre compte, une première cause de confusion. Mais si l'on y réfléchit, on voit qu'il ne doit et ne peut indiquer aucune limite à cette hypothèque légale, car cette limite n'est connue de personne. Le créancier ne sait pas même si le droit qu'il veut conserver, atteindra le chiffre de sa créance.

De plus,—deuxième cause d'erreur,—il a pu arriver qu'en vertu de cette inscription le créancier ait, en réalité, épuisé la totalité des reprises. Mais ce résultat n'infirme en rien notre principe, puisque le créancier n'aura toujours inscrit que pour lui, même dans ce dernier cas, et jamais pour la femme, ni pour un autre créancier de celle-ci.

A quel titre, en effet, a-t-il qualité pour requérir l'inscription ? Ce droit lui appartient :

1° Comme subrogé, c'est-à-dire, comme propriétaire, *in parte quâ,* d'une fraction de l'hypothèque légale ;

2° Comme créancier de la femme, son obligée solidaire, c'est-à-dire, comme ayant dès lors, en vertu de l'article 1166, le droit d'exercer, mais toujours jusqu'à concurrence de sa propre créance, les droits et actions de sa débitrice.

D'où il suit :

— Que, subrogé partiellement, il ne peut donner vie

qu'à une portion de l'hypothèque légale, égale à sa créance ;

— Que, créancier de la femme dans une certaine mesure, toutes les actions qu'il exerce en son nom deviennent, par la force des choses, limitées comme la créance elle-même.

Or, ces deux droits se confondent. Il ne peut les exercer cumulativement. La subrogation qui lui a été consentie, en scindant l'hypothèque légale en deux parts, a éteint, pour tout l'excédant non transporté, le droit qu'il pouvait tirer de l'article 1166.

Objectera-t-on : « que cet article n'indique aucune « limitation du droit du créancier ? » Nous répondrons qu'une rédaction plus précise eût sans doute été préférable, mais que le législateur a pu penser n'avoir pas à expliquer ce qui s'explique de soi-même. La seule action résultant du principe écrit dans cet article, est celle de poursuivre judiciairement sa subrogation dans tel ou tel droit de son débiteur. Le créancier peut-il donc être subrogé au delà de sa créance ?

Opposera-t-on l'indivisibilité des qualités ? M. Troplong a répondu à cette objection, et combattu victorieusement ce prétendu principe dans son Traité du Contrat de mariage, tome III, n° 1587 (1).

Article
1166 C. C.

---

(1) Nous répondons plus loin, page 81, à l'objection basée sur l'indivisibilité de la publicité de l'hypothèque, — autre nuage. — Les caractères les plus frappants de l'erreur sont la subtilité et l'obscurité de ses arguments.

Article 775, C.
de Proc. civ.

L'article 775 (ancien 778) du Code de procédure civile ne peut pas servir de base à la validité que nous contestons. D'après cet article, « tout créancier peut pren- « dre inscription pour conserver les droits de son débi- « teur. » C'est la conséquence du principe posé dans l'article 1166 du Code Napoléon, mais ce n'en est pas l'extension (1). La loi s'est occupée du cas le plus ordinaire en matière d'Ordre entre créanciers ; — nous voulons dire : celui où les créances surpassent le droit à conserver. Le second paragraphe de l'article 775, et le titre sous lequel il est placé, le démontrent de reste.

Cette conservation des droits du débiteur par le créancier ne peut avoir vie et effet que dans la mesure de la créance ; et cela est si vrai, que toutes les actions intentées par ce créancier en vertu de l'article 1166, peuvent toujours être éteintes au moyen de son remboursement. (Duranton, tome X, n° 550 ; Bioche, Dictionnaire de Procédure, V° Subrogation, n°s 8, 11, 12 et 13 ; Toullier, tome 4, n° 410 ; Proudhon, Traité des Droits d'usage, n°s 2286 et 2300). Voir aussi les articles 788,

Articles
788, 1446 et
2013, C. C.

1446 et 2013 du Code Napoléon, lesquels indiquent surabondamment les bornes qu'il est impossible au créancier de dépasser.

Pour les hypothèques légales comme pour les hypothèques conventionnelles, le créancier exerce le droit

______

(1) Reconnaissons cependant encore, qu'un peu plus de précision eût levé tous les doutes.

d'inscription, comme il exercera plus tard l'*action* qui dérive de son titre et de l'article 1166, c'est-à-dire : limitativement.

Par delà la créance, le subrogé n'est plus rien. — L'accident cesse. — La loi supérieure qui règle les inscriptions d'hypothèques légales en dehors de la purge, reprend tout son empire.

L'article 775 peut-il avoir changé, sans examen sérieux, sans discussion préalable, tout le système du Code ?

Que la loi ait donné le droit d'inscription au créancier dans la limite de sa créance, cela se conçoit. — Mais on ne conçoit plus pourquoi elle lui aurait donné, avec le droit de troubler les conditions qui, dans toute législation prudente, doivent régler les intérêts entre les époux, l'autorisation d'inscrire l'hypothèque légale, *dans son intégralité*, sans motif aucun ni d'intérêt pour lui, ni, répétons-le, d'intérêt pour la femme, que protégent toujours, *ipso jure,* les articles 2135 et 2194.

Lors donc qu'on étudie de près la nature et l'étendue des droits d'un créancier, et des actions que ces droits lui confèrent, on arrive à se convaincre que l'inscription d'hypothèque légale prise par le créancier de la femme ne peut, *dans tous les cas,* valoir que pour lui, et dans le cercle de sa subrogation.

Pour décider qu'elle peut valoir au delà, ou, ce qui est la même chose, qu'il n'y a pas (dans une réquisition faite au profit d'un créancier), distinction constante, positive, entre les droits de la femme et ceux de ce créancier, il faut se mettre en opposition avec les principes les plus certains, nous allions dire les plus élémentaires, de notre Droit.

Ces principes, tout incontestables qu'ils sont, devraient cependant être écartés, si la loi *avait donné aux créanciers* du mari ou de la femme, *le droit* de requérir les inscriptions dont elle parle dans les articles 2136 et suivants. Mais nous avons vu qu'il n'en est rien. Ce n'est pas dans le Code que l'on pourra trouver cette autorisation singulière, nécessaire pourtant au succès de la nouvelle jurisprudence. La loi ne l'accorde qu'à ceux qu'elle désigne spécialement. Le créancier jouerait ici le rôle de cet *ami indiscret*, dont parle Persil (Régime hypothécaire, article 2139), et que l'on a dû écarter. Et cette réserve de la loi vient encore témoigner de son véritable esprit. Si elle eût voulu que toutes les hypothèques légales fussent inscrites, pourquoi n'a-t-elle pas donné à toute personne le droit d'en requérir l'inscription ?

Persil, Régime hypothécaire.

Ce créancier a-t-il été investi par la Loi de 1855, comme M. Troplong l'affirme, du droit plus large d'inscrire « *l'hypothèque de la femme,* » c'est-à-dire, « toute l'hypothèque légale à son profit ? » Nous avons dit que cette loi l'oblige à la manifestation de sa subrogation, parce qu'il est capable, soumis par conséquent à la règle commune, et qu'il n'existe aucun motif raisonnable de le faire bénéficier d'une exception. L'article 9 exprime que cette manifestation lui est nécessaire « pour être saisi vis-à-vis des tiers. » Saisi de quoi? Non pas certes de l'hypothèque légale entière, mais d'une partie seulement de cette hypothèque, dont le subrogé pourra bien, en certains cas, comme nous l'avons expliqué (page 71), épuiser tout l'effet utile, sans toutefois pouvoir jamais en absorber le principe.

On insiste : « La loi, dit-on, est très claire. Les « cessionnaires de l'hypothèque légale sont tenus de « faire inscrire à leur profit *cette hypothèque*. »

Ici nous rencontrons, pour la seconde fois, un texte qui semble donner raison à l'erreur, et un nouvel exemple du danger des défauts de précision dans la loi.

Par ce mot: « l'hypothèque, » elle n'a pu désigner que l'hypothèque *cédée*. Autoriser un cessionnaire partiel à inscrire *à son profit* l'hypothèque entière, eût été commettre un non-sens. Son langage indique au contraire, ce nous semble, très nettement : que cette inscription, ainsi requise, aura, au profit du créancier, un effet à lui propre, complétement étranger à la femme, et dont celle-ci, par suite, n'a pas à *profiter* personnellement.

Si l'inscription a été requise avant ou depuis la Loi de 1855, « cette circonstance doit-elle être prise en considération, et pourra-t-elle modifier la décision? » D'après les principes exposés plus haut, ce fait est complétement indifférent, puisque cette loi n'a touché en rien aux dispositions du Code Napoléon, quant aux incapables.

L'article 9 ne crée donc pas un nouveau droit, un nouvel agent. Il n'a pas eu la pensée de faire protéger la femme par un créancier. Donc, avant comme après la Loi du 23 mars 1855, ce créancier n'a, au delà de sa créance, aucune qualité pour représenter la femme et agir en son nom.

Peu importent les termes de l'inscription qu'il a requise; eût-il voulu requérir au profit de la femme l'inscription complète, *il n'aurait pas eu le droit* de le faire, malgré la conclusion contraire, et cependant, —inconséquence bizarre,—conformément aux termes de l'Arrêt du 2 juin 1858, discuté ci-dessus.

Son inscription, déterminée, partielle, ne pourrait profiter à la femme, que si elle payait *de ses deniers* la créance; et dans ce cas même, par une juste application des principes, l'inscription conserverait encore, et sur les seuls immeubles désignés dans le titre, le caractère restreint et la spécialité de son origine.

Le conservateur n'a pas davantage qualité pour inscrire l'hypothèque légale; et néanmoins c'est lui qui, en retenant sur ses registres, au profit de la femme, l'inscription prise par le créancier, inscrit de sa seule autorité l'hypothèque légale. Cela devient ainsi une véritable inscription d'office, à laquelle pourtant les conservateurs n'ont reçu par aucune loi le droit de procéder. Le texte de l'article 2139 est évidemment limitatif. (M. Pont, Revue de législation et de jurisprudence, N° de juillet 1857; —Tarrible, Répertoire,

Vᵉ Inscription, § 3, nᵒ 17. — Arrêt de la Cour de
Caen, 8 mai 1839.)

III

Une Consultation délibérée par M. Coin-Delisle,
l'auteur très estimé du *Traité des Donations*, présente trois arguments nouveaux que nous ne pouvons
passer sous silence :

« Si, dit-il, on décidait que l'inscription prise par le
« créancier et à son profit, comme subrogé dans l'hy-
« pothèque légale de la femme, ne doit pas profiter à
« celle-ci, on arriverait à cette conséquence : que si le
« mariage se dissout avant paiement, et si la femme ne
« prend pas inscription dans l'année, les créanciers
« exerçant les droits de la femme seront payés sur les
« biens du mari, et que, l'année expirée, la femme ne
« pourra pas, pour le surplus de ses droits, exercer
« son hypothèque légale. » De là, selon M. Coin-
Delisle, des dangers incalculables.

A cette objection, nous n'avons qu'un mot à répon-
dre : C'est qu'on l'aura bien voulu ! — La femme devenue veuve, et par conséquent libre et capable, en négli-
geant de prendre inscription, comme la loi l'y invite,
ne se sera-t-elle pas fait sa position à elle-même ?

Seconde objection de M, Coin-Delisle :

Mandat.

« Puisque le contrat de subrogation ne peut avoir
« lieu que devant notaire, par l'autorisation du mari,
« et par la volonté de la femme qui consent que le
« créancier fasse son profit *de ses reprises*, (ceci est
« une erreur : « d'une partie seulement »), ce contrat
« contient en soi *mandat* donné au créancier par le
« mari et par la femme, de prendre l'inscription *néces-*
« *saire* à la conservation des droits de celle-ci, droits
« sur lesquels le créancier exercera éventuellement
« les siens (1). »

Cette théorie d'un mandat tacite d'inscrire *la totalité*
d'un droit hypothécaire, lequel mandat dériverait de
la cession *d'une partie* de ce droit, est-elle bien fondée ?

Le caractère éventuel de la cession n'ajoute aucune
force à l'argument, car on ne peut raisonner sur les effets
d'une cession en garantie, qu'à la condition de supposer
que, d'éventuelle qu'elle était, elle est devenue effective.
Or,—ou le créancier agit comme propriétaire, et alors il
n'agit pas *pour* la femme, puisqu'il la remplace, puisque

---

(1) L'inscription *nécessaire* à la conservation du droit de la
femme ! Que devient l'article 2135 ? Nous avons signalé déjà
pareille ambiguïté. Ce système de protection par ricochet, de
MM. Troplong et Coin-Delisle, conduit donc simplement
à retourner à la Loi de brumaire ? *Habemus confitentes.*
Mais par quelle confusion ces éminents esprits ont-ils ainsi
erré ? — Ils n'ont songé qu'au danger de la purge ; — danger,
nous l'avons dit, inévitable ; — alors que, dans leur propre
hypothèse, la loi ne décide, comme la Cour suprême n'a à
s'occuper que *du temps antérieur à cette purge.*

tout droit de celle-ci à cette partie de l'hypothèque légale a disparu ; — ou il agit au nom de la femme, et
alors il faudrait dire que, par la cession, la femme n'a
absolument rien cédé.

Tous les efforts de **M.** Coin-Delisle pour prouver
« que le créancier agit comme procureur de la femme,
« *in rem suam* » (nouvelle ambiguïté), restent donc
impuissants.

Ajoutons qu'il n'y a pas même mandat d'inscrire
l'hypothèque jusqu'à concurrence de la subrogation ;
car, nous l'avons dit, le créancier est maître absolu
d'inscrire son droit d'hypothèque légale, ou de ne pas
l'inscrire. Or, s'il ne l'avait pas fait, irait-on jusqu'à
le rendre responsable de la non-exécution du mandat ?

Le troisième raisonnement est basé sur l'indivisibilité *de la publicité* de l'hypothèque légale.

« L'inscription, dit l'honorable Jurisconsulte, est   Publicité.
« prise pour *tous les droits* de la femme (même er-
« reur) ; or, si la créance est limitée, la publicité de
« l'hypothèque ne l'est pas. C'est chose indivisible de
« sa nature. »

Prenons un exemple. Que l'hypothèque, dans l'effet
de laquelle il y a subrogation, soit ou conventionnelle
ou légale, la règle sera la même :

Créancier de 100,000 francs, je transporte à un tiers
la moitié de ma créance. Ce tiers prend à son profit
l'inscription que je n'ai pas encore requise. Il relate
tout au long dans son bordereau (la loi l'y oblige) :

que ses 50,000 francs faisaient originairement partie de ma créance; — il énonce mon titre. Cette inscription pourra-t-elle jamais me profiter pour les 50,000 francs qui me restent dus? Pourrai-je invoquer les principes du mandat tacite, et de la publicité illimitée et indivisible?

Allons encore plus loin, et supposons que le transport ait seulement eu lieu, comme pour les cessions d'hypothèque légale, *à titre de garantie*. Le créancier, payé ou non payé, (il en a le droit, même dans ce dernier cas), se désiste de l'effet de ce transport, et donne mainlevée de son inscription. Le conservateur retiendra-t-il utilement pour moi l'inscription requise par mon cessionnaire éventuel, sous le prétexte qu'elle doit remplacer celle que je n'ai pas prise, celle qu'il peut me convenir de ne pas prendre? Cela serait-il un seul instant soutenable?

Le fait matériel, le fait acquis de la publicité ne signifie rien (d'après les termes de l'Arrêt de la Chambre des requêtes ci-dessus rapporté, page 68), si l'hypothèque n'est pas régulièrement et à juste titre inscrite. Maintenir l'inscription pour cette seule cause, n'est-ce pas confondre à plaisir le fait et le droit, la publicité, qui s'acquiert de diverses manières, et l'inscription, dont la loi règle les formes essentielles? En vertu de ce prétendu principe, la femme et ceux qui la représentent ne pourraient donc jamais user du droit qui appartient à tout créancier hypothécaire, d'inscrire son hypothèque en entier ou limitativement, sur tel ou tel autre immeuble? — C'est ainsi que les théories adverses, en secourant abusivement ceux qui peuvent, ceux qui doivent se secourir eux-mêmes, portent atteinte au Droit naturel, à cette liberté responsable dont on admet si difficilement le second terme, au respect enfin de la liberté d'autrui, que l'on est toujours trop prompt à oublier.

Combien il faut faire violence au texte et à l'esprit du bordereau d'inscription, pour en induire autre chose que ce qu'il constate ! La femme n'y figure pas comme créancière. Il n'y a qu'une élection de domicile, et cette élection ne peut profiter qu'à l'inscrivant. La volonté de limiter l'inscription ressort même des termes de la réquisition, puisque dans l'espèce soumise en 1858 à la Cour suprême, comme dans celle aujourd'hui proposée de nouveau à son examen, la formalité est requise « au profit des créanciers, pour avoir sûreté et « *jusqu'à concurrence* du prêt pour lequel la subro- « gation a été consentie. »

L'objet de l'inscription n'est-il pas clairement indiqué? Le bénéficiaire (celui qui veut avoir sûreté) est-il incertain? Son droit est-il mal défini? Est-il possible de le confondre avec le droit de la femme ?

Si ces mots : « pour sûreté, » indiquent l'objet de l'inscription, ils indiquent aussi sa limite; et comme l'expression : « au profit de, » ils signifient : « en ce « que l'acte *ordonne, profite* et *assure.* » Jamais plus! L'effet que l'inscrivant attend de la formalité qu'il accomplit , est grammaticalement restreint à l'intention qu'il exprime.

On le voit : au milieu de ces nombreux arguments, le plus grave, le seul que nous ayons eu vraiment à combattre, est l'argument de texte tiré de l'article 2136. Si cet article ordonne autre chose que la révélation envers les tiers, s'il est impératif quant à l'inscription conservatoire au profit des incapables, il doit être exécuté. Mais, alors même qu'on le déciderait ainsi, il faut encore reconnaître qu'une inscription requise par un tiers, *sans qualité et sans droit*, ne peut être maintenue sur les registres du conservateur, *sans injustice*.

IV

Effets du désistement.

Il est remarquable que le côté le plus visible de ce débat sur les effets d'un désistement d'hypothèque a été jusqu'ici tout à fait négligé, à savoir : « Quels sont les effets légaux, *nécessaires*, de ce désistement ? »

Ils sont, comme ceux de la subrogation, de pur droit commun. Il nous est cependant encore impossible de les laisser dans l'ombre (1).

---

(1) On hésite souvent à produire, ou bien on se défend d'écouter les arguments élémentaires. On a tort. C'est mal servir la justice. Une théorie n'est sérieuse que si elle s'ap-

Ce désistement ne peut rendre la position de la femme ni meilleure ni plus mauvaise. Cet acte est le résultat de l'exercice, par le créancier, d'un droit qui lui est personnel. On ne peut nier que, — créancier hypothécaire du mari, soit directement, soit à cause de sa subrogation, — il est le maître d'user ou de ne pas user des garanties que son titre lui confère. Il peut s'inscrire pour la totalité ou pour une partie de sa créance. Il peut inscrire seulement l'hypothèque conventionnelle, et s'abstenir, si bon lui semble, quant à l'hypothèque légale. Or, ce qu'il a fait, il peut certainement le défaire. Lorsqu'il se désiste de son droit éventuel à l'hypothèque légale inscrite à sa requête, il efface une inscription qu'il aurait eu le pouvoir de ne pas prendre. Si donc on veut maintenir encore cette inscription comme profitant à la femme, sur quel principe de Droit pourra-t-on s'appuyer ?

Lorsque ce créancier a donné son désistement, sans réserve, il a (ne sommes-nous pas contraint de le rappeler ?) anéanti et son intérêt à l'hypothèque légale, et tout ce qu'il a pu faire en vertu de ce même intérêt. L'inscription qu'il avait prise n'a de vie que par lui. Le droit hypothécaire lui-même n'est qu'un accessoire,

---

puie sur tous ces éléments de droit qu'on a cru ridiculiser en les affublant d'un nom ridicule. Un seul fait-il défaut ? Tant pis pour la théorie, et pour les théoriciens, qui ont désappris leur alphabet. *Errare humanum ;* voilà leur excuse, et, quand nous nous trompons, la nôtre.

et cet accessoire n'a plus de cause quand l'obligation principale est éteinte.

Vainement on tenterait d'assimiler les effets de cette mainlevée d'une hypothèque légale inscrite par le subrogé, à ceux de la mainlevée d'une hypothèque conventionnelle qu'un créancier aurait inscrite comme exerçant les droits de son débiteur, — inscription qui peut encore profiter à celui-ci, même après le désistement du créancier; — car, entre les deux hypothèques, conventionnelle et légale, il y a cette différence très intéressante à noter : que l'une peut être requise par qui que ce soit, à la seule condition de justifier du titre, tandis que la loi limite sagement *à certaines personnes* le droit de requérir l'autre.

L'objection tirée, attendu le cautionnement souscrit par la femme au profit du créancier, « de la reprise « que ce cautionnement lui crée contre son mari, » n'a aucune portée. C'est là un fait en tout semblable à ceux qui peuvent lui créer un recours contre le mari; et ce recours, c'est la loi, c'est son hypothèque légale, « dispensée d'inscription, » qui le lui conservent.

Citons à l'appui de notre opinion :

1° Un Arrêt de la Cour de Paris du 27 février 1857, duquel il résulte que la subrogation, dont un créancier réclame les effets en vertu d'une inscription distincte, « crée en lui un droit propre et personnel qu'il exerce « dans son intérêt, et dont aucun des créanciers ne peut « se prévaloir. »

2° Et la dissertation si judicieuse et si logique de M. Pont (Revue critique, loco citato, et Priviléges et hypothèques, n°° 797 et suivants.)

La doctrine qui voudrait fonder sur l'article 2136 le principe du devoir absolu pour les maris et pour les tuteurs d'inscrire l'hypothèque légale, n'a, nous l'avons dit, d'*utilité* tant que le régime de communauté subsistera, qu'à l'égard des femmes dotales qui ne peuvent s'obliger ni céder leur hypothèque. Celle qui vise à obtenir l'inscription de l'hypothèque légale par l'intermédiaire d'un créancier subrogé, ne *profitera* ni aux femmes dotales, ni aux mineurs ou interdits, dont l'hypothèque ne peut non plus être l'objet d'aucune cession.

Les femmes mariées sous le régime de la communauté, dont les maris, *sans contracter d'emprunts*, aliéneront les immeubles, resteront également *en dehors* de cette protection inutile.

Parmi tous les grevés, les emprunteurs seraient *les seuls atteints* par cette jurisprudence, par cette *législation* exceptionnelle. Enfin, dernier|mot du système : ou *le dépôt* de la dot dans une caisse publique, ou, si la femme est mariée sous un régime qui lui permet de recevoir, le rétablissement *dans les mains du mari*, après beaucoup de lenteurs et de frais, des fonds même dont on se serait ainsi efforcé de lui enlever l'administration !

Résultats
derniers du
système.

V

Nous aurions voulu abréger cette discussion, dont les développements trouveront leur excuse dans l'inquiétude provoquée par les derniers arrêts rendus, dans la multiplicité des objections, et plus encore, dans l'autorité de nos adversaires. Il était utile de montrer combien on s'est éloigné du point de départ, combien il importe de rechercher les origines, de peser les arguments, de pénétrer les systèmes, et d'en scruter, avant de se prononcer, les résultats.

Les articles 2136 et suivants, en ce qui touche l'inscription annonciative, sont tombés dans la plus complète désuétude. Où trouver la raison de cette inexécution générale, sinon dans la nature des choses ? Quand il présente réellement une utilité, un avis (et à plus forte raison, un ordre) a d'ordinaire la chance d'être quelquefois suivi. Ces articles ne sont pas même exécutés par ceux qui veulent les faire revivre !

C'est, du reste, à cette exécution que nous en appelons. Il nous semble impossible que, dans un avenir prochain, « l'étude comparative des faits ne vienne pas « montrer à tous les yeux des vérités que l'esprit de « système peut voiler un moment, » mais qui brillent toujours. L'attention de la Cour suprême, des jurisconsultes, n'a point encore été appelée sur les dangers pratiques des théories qui, soit par une voie, soit par une autre, poussent à l'inscription des hypothèques légales. Il n'est peut-être pas inutile à la manifestation de la vérité que cette épreuve se fasse (1).

Quelle que puisse être la solution définitive réservée à cette question par la jurisprudence, il est bon de constater que cette solution, si elle nous intéresse comme régnicoles, ne nous touche par aucun côté comme corporation. Depuis plusieurs années déjà, les prêts hypothécaires deviennent de plus en plus rares dans nos Études. Nous ne nous en plaignons pas. Le Crédit foncier, la Bourse ont donné à l'argent un autre cours. Si donc la direction qu'on semble vouloir imprimer à notre législation nous paraît mauvaise, on ne nous accusera pas de mêler à une question d'intérêt général des sentiments mesquins d'intérêt particulier.

Déjà nous voyons les Conservateurs mettre en pratique la nouvelle doctrine. Ils s'étonnent que la loi ne les

Inscription
par les
conservateurs.

----

(1) On se convaincrait bientôt que ni l'illusion de Treilhard ni les innovations de MM. Troplong et Coin-Delisle ne sont viables.

Et l'on reviendrait à la seule réforme utile, à savoir : Effacer de l'article 2136 les mots : « sans aucun délai » qui n'ont trait qu'à la révélation de l'hypothèque; faire ressortir davantage le choix laissé aux grevés entre l'inscription ou la déclaration ; puis reporter les articles 2137 à 2139 au chapitre de la purge, en les mettant d'abord en harmonie avec l'article 2194.

ait pas chargés de prendre eux-mêmes ces inscriptions, moyen héroïque sans doute, mais certainement plus sûr que tous ceux qu'elle indique. Ils inscrivent d'office l'hypothèque légale au profit de la femme, non-seulement sur la représentation du bordereau du créancier subrogé, mais encore « sur le vu d'une quittance de « deniers propres à la femme. » Ils inscriront bientôt en vertu de tous les actes, desquels il leur semblera résulter un accroissement des droits garantis par l'hypothèque légale.

Le Notariat doit-il rester indifférent à ces tendances? Nous ne le pensons pas. En plus d'une occasion, il a réagi avec succès contre tel ou tel changement de jurisprudence, et récemment la Cour suprême, en séances solennelles, lui a deux fois donné raison. Dans l'intérêt de la Société, de la Justice, le Notariat doit réagir encore et de toutes ses forces contre une interprétation née d'hier, qui compromet, au lieu de les servir, les droits des incapables, exagère le régime dotal, met en suspicion les plus dignes, et conduirait logiquement à l'abolition de ce Régime de communauté, qui est la gloire de notre Droit et l'une des causes les plus actives de la prospérité publique.

Conclusions sur la deuxième question

Nous défendons, comme incontestables, les solutions suivantes :

1° Le créancier subrogé n'a pas qualité pour inscrire l'hypothèque légale au-delà de son droit personnel ;

2° L'inscription partielle, qu'il a uniquément le droit de requérir, ne peut profiter qu'à lui ; il la requiert comme propriétaire *in parte quâ*, de l'hypothèque légale ;

3° L'article 9 de la Loi du 23 mars 1855 indique cette conséquence et la fortifie, l'inscription devant être prise au profit du créancier ;

4° Aucun élément de cette inscription spéciale ne peut subsister ou produire effet, après la mainlevée donnée par lui ;

5° Enfin l'intention du subrogé n'étant jamais, en fait, d'inscrire autre chose que son droit personnel, l'expression : « requiert à son profit, » commune à tous les bordereaux d'inscription, ne présente aucune ambiguïté et ne peut, par conséquent, servir de base à la nouvelle jurisprudence que l'on s'efforce imprudemment d'établir.

MAXIME GRIPON,
Membre de la Chambre de Notaires de Paris.

Paris, 24 mars 1859.